COLLECTION POÉSIE

ROGER CAILLOIS

Pierres

suivi d'autres textes

GALLIMARD

Pierres

Dédicace

Je parle de pierres qui ont toujours couché dehors ou qui dorment dans leur gîte et la nuit des filons. Elles n'intéressent ni l'archéologue ni l'artiste ni le diamantaire. Personne n'en fit des palais, des statues, des bijoux; ou des digues, des remparts, des tombeaux. Elles ne sont ni utiles ni renommées. Leurs facettes ne brillent sur aucun anneau, sur aucun diadème. Elle ne publient pas, gravés en caractères ineffaçables, des listes de victoires, des lois d'Empire. Ni bornes ni stèles, pourtant exposées aux intempéries, mais sans honneur ni révérence, elles n'attestent qu'elles.

L'architecture, la sculpture, la glyptique, la mosaïque, la joaillerie n'en ont rien fait. Elles sont du début de la planète, parfois venues d'une autre étoile. Elles portent alors sur elles la torsion de l'espace comme le stigmate de leur terrible chute. Elles sont d'avant l'homme; et l'homme, quand il est venu, ne les a pas marquées de l'empreinte de son art ou de son industrie. Il ne les a pas manufacturées, les destinant à quel usage trivial, luxueux ou historique. Elles ne perpétuent que leur propre mémoire.

7

Elles ne sont taillées à l'effigie de personne, ni homme ni bête ni fable. Elles n'ont connu d'outils que ceux qui servaient à les révéler : le marteau à cliver, pour manifester leur géométrie latente, la meule à polir pour montrer leur grain ou pour réveiller leurs couleurs éteintes. Elles sont demeurées ce qu'elles étaient, parfois plus fraîches et plus lisibles, mais toujours dans leur vérité : elles-mêmes et rien d'autre.

Je parle des pierres que rien n'altéra jamais que la violence des sévices tectoniques et la lente usure qui commença avec le temps, avec elles. Je parle des gemmes avant la taille, des pépites avant la fonte, du gel profond des cristaux avant l'intervention du lapidaire.

Je parle des pierres : algèbre, vertige et ordre ; des pierres, hymnes et quinconces ; des pierres, dards et corolles, orée du songe, ferment et image ; de telle pierre pan de chevelure opaque et raide comme mèche de noyée, mais qui ne ruisselle sur aucune tempe, là où dans un canal bleu devient plus visible et plus vulnérable une sève ; de telles pierres papier défroissé, incombustible et saupoudré d'étincelles incertaines ; ou vase le plus étanche où danse et prend encore son niveau derrière les seules parois absolues un liquide devant l'eau et qu'il fallut, pour préserver, un cumul de miracles.

Je parle des pierres plus âgées que la vie et qui demeurent après elle sur les planètes refroidies, quand elle eut la fortune d'y éclore. Je parle des pierres qui n'ont même pas à attendre la mort et qui n'ont rien à

faire que laisser glisser sur leur surface le sable, l'averse
ou le ressac, la tempête, le temps.

L'homme leur envie la durée, la dureté, l'intransi-
geance et l'éclat, d'être lisses et impénétrables, et entières
même brisées. Elles sont le feu et l'eau dans la même
transparence immortelle, visitée parfois de l'iris et
parfois d'une buée. Elles lui apportent, qui tiennent
dans sa paume, la pureté, le froid et la distance des
astres, plusieurs sérénités.

Comme qui, parlant des fleurs, laisserait de côté
aussi bien la botanique que l'art des jardins et celui
des bouquets — et il lui resterait encore beaucoup
à dire —, ainsi, à mon tour, négligeant la minéralogie,
écartant les art qui des pierres font usage, je parle des
pierres nues, fascination et gloire, où se dissimule
et en même temps se livre un mystère plus lent, plus
vaste et plus grave que le destin d'une espèce passagère.

Janvier 1966.

I. MYTHOLOGIE

Des pierres de la Chine

Au fond de la vallée de la rivière I Ngan s'élèvent des pierres dont quelques-unes rappellent par leurs formes les pierres en surplomb des montagnes. Les gens du pays les rectifient légèrement et les placent à l'entrée des temples. Elles sont naturellement remarquables, extraordinaires.

*

La pierre *yng che* se dresse élégante et belle sur les escarpements de la montagne Ling-nan, bien qu'elle n'ait pas subi l'action du ciseau ou de la doloire. Elle a un son métallique. On l'emploie comme ornement. Cette pierre est chose merveilleuse. Grande, elle est rare.

*

A l'ouest de la préfecture de K'i, à soixante-dix *li* de l'arrondissement de Long, il existe une grotte appelée la caverne des dragons ou des poissons. Il s'y trouve une pierre qui est tantôt grande, tantôt

11

petite. Si quelqu'un la brise et qu'il en examine l'intérieur. il y aperçoit des figures de dragons et de poissons.

Ceux qui passent devant cette caverne évitent de parler. Ils entendent des bruits lointains de tonnerre et d'ouragan. Ils s'arrêtent, en proie à la terreur. Tout le monde n'entend pas ces bruits.

*

Dans l'Ile du Milieu, il existe une pierre qui a des enfants. Dans le milieu du cycle Wen lou, un homme ramassa cette pierre, qui était alors petite. Il la laissa dans un coin. Au bout de quatre-vingts ans, elle était devenue très grande et avait donné naissance à un millier de petites pierres : sa descendance.

*

La saveur de la pierre *hiong-hoang* est froide et amère. C'est une panacée. Elle guérit les ulcères malins, les fistules ; elle chasse les fantômes, les mauvais esprits. Elle éloigne les miasmes. Elle annule le venin des reptiles. Elle constitue l'antidote parfait. Elle dissipe les cent mauvaises essences. Si quelqu'un la porte sur soi, les génies hostiles n'approchent pas de lui ; s'il entre dans une forêt, les tigres et les bêtes féroces rampent à ses pieds ; s'il traverse un fleuve, aucune bête malfaisante ne peut le blesser. La pierre *hiong-hoang* change les filles en garçons. Lorsqu'une femme s'aperçoit qu'elle est enceinte, il lui suffit d'en placer un fragment dans un petit sac de soie, qu'elle s'introduit dans le vagin. Le fœtus prend alors de la force et devient mâle.

*

La pierre *che-tche* a la forme d'un champignon. Elle se trouve sur le rivage de l'Ile Hai iu ming chan, au milieu d'une grande variété d'autres pierres. Elle est charnue. Comme un être vivant, elle a une tête, une queue, quatre membres. Elle est attachée à des pierres plus grandes ou aux rochers. Il en existe une variété qui ressemble à du corail; la blanche ressemble à la graisse; la noire au vernis; la bleue aux ailes du martin-pêcheur; la jaune à l'or. Elles sont toutes transparentes et brillantes. Les grandes pèsent dix *kin* environ, les petites de trois à quatre *kin*. Leur forme est celle d'un vase avec des oreilles, qui n'auraient pas plus de trois à quatre pouces de saillie. Celles qui ont sept trous s'appellent *ts'i ming*. Celles qui en ont neuf s'appellent *kieou koang*. Elles brillent comme des étoiles. A la distance de cent pas, on distingue leur clarté. En général, on attend l'automne pour ramasser ces pierres et pour les pulvériser.

*

D'après le *Pen ts'ao kang mou*, le *che yen* se trouve dans le district de Yong, près de la ville de K'i yan hien. Cette pierre ressemble à une huître. De couleur, elle est terreuse. Rondes et grandes, ce sont la pierre hirondelle mâle; longues et petites, la pierre hirondelle femelle. Il y a une espèce de pierre *che yen* qui se trouve dans les cavernes à stalactites. Leur forme est celle de l'hirondelle; elles se nourrissent du suintement laiteux des stalactites; elles peuvent voler.

D'après le *Ou tsa tsou*, on trouve la pierre *che yen* à Yun ling. Elle vole, mais seulement les jours de grande chaleur : lorsque s'élève alors un vent violent mêlé de pluie, il entraîne cette pierre qui tourbillonne avec lui en rasant la surface du sol.

*

Un recueil des Song, dû à Ni Cheou-yo, précise que dans la grotte Ton-yuang il existe une cascade où volent des jades froids.

*

Le *mao nao* n'est ni une pierre ni du jade. C'est une substance spécifique. Il y en a de rouge, de blanc, de noir. Telle une pierre dure, elle résiste à l'action du métal. Il en existe à l'intérieur desquelles on distingue des figures d'hommes, d'objets, d'oiseaux, d'animaux. Elles sont les plus précieuses. Il y en a de beaucoup d'espèces. Le *mao nao* du Sud est d'un rouge pur et n'a pas de veine : on en fait des coupes et des vases. Celui du Nord-Ouest est d'un noir verdâtre.

*

Le *joen che* est une espèce de cristal de roche qui contient de petites feuilles ou tiges. On en fabrique des boules qui laissent voir à l'intérieur du quartz soit une petite branche de prunier, soit une feuille de bambou aussi bien conservées que si elles y avaient été introduites récemment. Ces échantillons sont extrêmement rares et constituent de véritables trésors qui se transmettent de génération en génération dans les familles riches.

Des pierres de l'Antiquité classique

Au prytanée de Cyzique était conservée la pierre
fugitive qui servit d'ancre aux Argonautes. Elle s'en
échappait si souvent qu'il fallut la sceller avec
du plomb.

*

C'est à Volsinies qu'on trouve les meules : quelques-
unes passent pour se mouvoir d'elles-mêmes.

*

Une pierre d'Assos, en Asie Mineure, qui se fend
et se lève par feuilles, est carnivore. Les cadavres
enfermés dans cette pierre sarcophage sont dévorés
par elle en quarante jours, les dents exceptées. Elle
pétrifie les miroirs, les brosses, les vêtements et
les chaussures enterrés avec le mort.

*

La force des aimants de Troade est presque nulle :
c'est qu'ils sont noirs et femelles. Ceux de la Magnésie

asiatique sont les pires de tous. Ils sont blancs et attirent à peine le fer. Les meilleurs sont ceux de couleur bleue, qui sont mâles. Ils viennent d'Éthiopie et on les paie leur poids d'argent. C'est aussi en Éthiopie qu'on trouve, non loin du lieu où gît l'aimant, la pierre *théamède* qui repousse et écarte toute espèce de fer.

*

La *diphye* est hermaphrodite, blanche et noire, traversée au milieu par une bande qui sépare les deux couleurs et les deux sexes.

*

Il est des pierres qui engendrent. Il naît au sein de la terre des pierres osseuses. En Espagne, aux environs de Munda, d'autres présentent, quand on les brise, l'apparence de la paume de la main.

*

Dans le nid des aigles, on trouve des *aéliles*, toujours au nombre de deux, l'une mâle, l'autre femelle et sans lesquelles les aigles ne pourraient se reproduire. La femelle est petite et friable ; l'intérieur qu'on regarde comme la matrice est empli d'une argile blanche. La pierre mâle est dure et ressemble à la noix de galle : elle contient une autre pierre plus dure encore. Celles de Chypre sont plates et renferment du sable mêlé à de petites pierres. On en trouve aussi, blanches et rondes, dans les torrents du Mont Taphin, sur la droite de ceux qui font voile sur

17

Leucade. Elles ont pour noyau la pierre appelée *callime*, qui est extraordinairement tendre. Toute aétite suspendue en temps de grossesse sur une femme ou sur la femelle d'un animal empêche l'avortement, mais il ne faut pas la retirer trop tôt, sinon la matrice tomberait. Au contraire, si on négligeait de la retirer, l'accouchement n'aurait pas lieu.

*

La pierre obsidienne est noire, transparente et mate. On en fait des miroirs. Ils reflètent l'ombre plutôt que l'image des êtres et des choses.

*

Les marbres croissent dans les carrières. Pline le rapporte sous l'autorité d'un éminent naturaliste et d'après le témoignage des ouvriers qui affirment que les brèches qu'ils font aux montagnes ne durent pas, car la pierre, se régénérant, ne tarde pas à les combler. Il déplore le fait : « S'il en est ainsi, s'exclame-t-il, le luxe peut espérer ne jamais finir. » De la même manière, Strabon relate que les mines de fer exploitées à Æthalie, avec le temps se remplissent à nouveau, comme la pierre dans les carrières de Rhodes, le marbre dans celles de Paros, le sel dans les mines de l'Inde, au témoignage de Clitarque.

*

Dans le poème orphique des *Lithica*, il est question d'une pierre donnée par Phoïbos à Hélénus. On la traite comme si elle était un tout jeune enfant, on l'habille, on la lave, on la berce jusqu'à ce qu'elle fasse entendre sa voix.

*

Certaines pierres sont divines, images ou habitacles des dieux, déesses elles-mêmes. A Hyette, sur les bords du Céphise, il n'y a que des pierres dans le temple d'Héraklès. Le dieu lui-même est présent dans une pierre informe. A Thespies, on vénère la plus ancienne image de l'Amour. C'est une pierre brute, ni taillée ni polie.

*

Les bétyles sont des pierres venues du ciel et qui gardent la propriété de se mouvoir librement dans l'air, entourées d'un globe de feu. On leur rend un culte en Achaïe, en Arcadie, en Béotie, en Syrie, à Orchomène et en bien d'autres lieux.

*

Sous Caracalla, Philostrate compose la *Vie d'Apollonius de Tyane*. C'est le seul ouvrage où l'on mentionne la pierre *pentarbe*. Apollonius la montre à Iarchas. De loin, elle attire les autres pierres qui se suspendent à elle comme un essaim d'abeilles. La nuit, elle brille ; le jour, elle éblouit. Elle est si pleine de vent qu'elle fait gonfler la terre et y produit des crevasses. Elle s'évanouit dans les mains de ceux qui cherchent à s'en emparer.

19

Avant 227, un inconnu écrivit un *Traité des Fleuves* qui fut attribué à Plutarque. Il énumère les fleuves d'Europe et d'Asie. A propos de chacun d'eux, il évoque d'effrayants souvenirs fabuleux. Il signale également les plantes et les pierres qu'on trouve sur leurs rives. Il est scrupuleux et n'omet jamais de citer les auteurs dont il tient les prodiges qu'il consigne.

*

Sur les pentes des monts Hémus et Rhodope, sont les pierres *philadelphes* qui ont la couleur des plumes du corbeau et qui représentent des êtres humains. Sont-elles séparées? Il suffit de prononcer leur nom pour qu'elles se réunissent aussitôt. C'est Thrasylle le Mendésien qui l'affirme.

*

Arétaze, dans son *Histoire de Phrygie*, parle de la pierre *autoglyphe* du fleuve Sagaris. Aucun artiste ne l'a touchée. Pourtant, elle porte l'image de la Mère des Dieux, comme si elle avait pu se graver elle-même. C'est ce que signifie son nom. Si un eunuque en rencontre une, il n'a plus de répugnance pour sa castration et la supporte désormais avec intrépidité. Mais cette trouvaille est fort rare.

*

La pierre *cryphius* du Mont Ida n'est visible que
pendant qu'on célèbre les mystères des Dieux.
Héraclide de Sicyone s'en porte garant dans son
second livre *Des Pierres*.

*

Sur le Mont Tmolus, dit Clitophon, il est une
pierre qu'on prendrait pour la pierre ponce, mais
difficile à repérer, car elle change de couleur quatre
fois par jour. Seules l'aperçoivent les très jeunes
filles qui n'ont pas atteint l'âge de raison. Elle
garantit des outrages celles qui sont nubiles.

*

Sur les bords du Tanaïs, il existe une pierre sem-
blable au cristal, mais qui présente des bandes
colorées. Elle porte une effigie humaine. Quand le
roi du pays est mort, le peuple descend vers le
fleuve et celui qui trouve la pierre est déclaré roi.
Ctésiphon le rapporte, et aussi Aristobule.

*

Une pierre du Nil qui ressemble à une fève empêche
les chiens d'aboyer.

La pierre *Corybas* du Mont Mycène préserve ceux qui la portent de toute vision monstrueuse.

Selon Nicanor le Samien, on trouve dans l'Eurotas la pierre Thrasydile qui a la forme d'un casque. Entendant le son de la trompette, elle bondit sur la rive, mais se cache au fond, si l'on prononce le nom des Athéniens. On peut voir plusieurs de ces pierres dans le temple d'Athéna à Chalcis.

II. PHYSIQUE

Morphologie générale des minéraux

Peintres et sculpteurs puisent souvent dans la nature plus que la matière première et le modèle de leurs œuvres. Il leur arrive même d'annexer à celles-ci des éléments que la nature leur propose ou de constituer, avec ou sans retouches, leur butin en ouvrages originaux, qu'ils n'ont ensuite qu'à *reconnaître* au sens fort et juridique du terme. Au hasard d'une promenade, ils ramassent épaves séduisantes et débris inattendus. Il s'agit de trouvailles fortuites : d'aubaines. En revanche, il ne paraît pas qu'ils entreprennent volontiers une prospection, sinon méthodique, du moins dirigée, des grandes réussites de la nature. En outre, ils recherchent la surprise plutôt que la beauté, l'informe ou le difforme plutôt que la forme achevée, — qui demeurerait leur apport personnel, leur apanage.

J'imagine une quête ambitieuse qui, loin de se contenter d'objets de rencontre, s'efforcerait de réunir les plus remarquables manifestations des forces élémentaires, anonymes, irresponsables qui, enchevêtrées, composent la nature. Selon que ces forces sont d'usure ou de rupture, elles produisent des formes opposées, les unes douces et élusives, les autres rudes et comme lacérées. Entre ces extrêmes, se développe la géométrie des cristaux par où, jusque dans la matière inerte, se révèle un ordre.

Même les rognons de silex qu'on heurte dans les labours ou au pied des falaises procurent des formes parfaites. Qui n'en a ramassé? Tel nodule fournit un torse admirable ou quelque volume qui s'éloigne d'un torse, mais n'en est pas moins admirable, en vertu, je présume, du code universel et secret (quoique non impossible à déchiffrer) qui préside à la lente naissance des formes inévitables. Le silicate de magnésium, qu'un hasard obscur a fait appeler écume de mer et qu'on trouve enfoui dans le sol comme de grosses truffes blanches, une fois pelé et poli, enferme dans une agile clarté de porcelaine les courbes les plus déclives, les plus insidieuses, les volumes les plus glissants, les surfaces les mieux tracées pour conduire ou retenir le regard, pour le fixer ou le faire basculer sur une autre pente.

Les structures cristallines séduisent par une autre et plus mystérieuse réussite : des plans à la fois nets comme des abstractions divines et lourds de tout le poids de la pierre ou du métal. Ils se coupent, se traversent en tous sens, comme si brusquement le caprice d'un démiurge avait accordé pour un instant aux substances les plus impénétrables l'étrange don d'une perméabilité mutuelle absolue. Les polyèdres ne sont pas soudés, mais imbriqués en architectures complexes. Ils ne cèdent rien pour autant de la rigueur de leurs arêtes ou de l'aigu de leurs angles. Ils semblent attester le miracle perdu d'une géométrie où des corps que l'acier n'entame pas auraient pu aisément se croiser.

Enfin, en de terribles creusets souterrains furent modelés les volumes scoriacés des métaux natifs. Ils semblent continuer de se hérisser et presque d'exploser : partout déchirés, partout agressifs et rebelles, ils fixent les sursauts d'une matière courroucée, qui se bat, qui se rebiffe où et comme elle peut.

Ces mots ne doivent pas tromper. Les minéraux, il va de soi, n'ont ni indépendance ni sensibilité. C'est justement pourquoi il faut beaucoup pour les émouvoir : des températures de chalumeau et d'arc électrique, des violences de séismes, des spasmes de volcans. Sans compter le temps vertigineux.

Les courbes des pierres, les arêtes des métaux natifs ne sont pas dues à de menus accidents ou à des énergies chétives. Elles sont nées les unes d'une patience beaucoup plus lente que la rapide persévérance humaine, les autres d'une brutalité beaucoup plus brisante et liquéfiante que la faible violence humaine. Mais, paresseuses ou brusques, ces forces furent également puissantes et conjuguées par mille contingences, qu'à leur tour composa entre elles un plus long hasard étiré sur la durée entière du refroidissement de la planète. Je ne puis douter que la connivence de tant de sévères vicissitudes n'ait abouti, dans l'un et l'autre cas, à une extrême et impitoyable simplification.

La mer, l'inlassable goutte d'eau, le vent, qui peuvent attendre, qui ne sont pas comme l'homme contraints de se hâter, assurent aux corps qu'ils caressent et qu'ils usent, le profil le plus pur, le plus pauvre aussi, mais le seul véritablement nécessaire. Dans ce long acquiescement, dans cette ultime misère, se dissimule assurément une des formes concevables de la perfection.

A l'autre extrémité, rescapée de l'univers des ébullitions et des incandescences, des pressions inexpiables, des heurts et des déflagrations irrésistibles, prend naissance la beauté pathétique de la matière malmenée qui a trouvé son repos. De la même façon, aujourd'hui encore, la foudre vitrifie le sable du désert en baguettes barbelées.

Entre les styles ennemis de l'usure et de la rupture, l'avare architecture des cristaux, leurs polygones, leurs pyramides, déploie une géométrie immuable, infaillible, immortelle, qui anticipe Pythagore et Platon. Les plus abstraites déductions du calcul n'en sont qu'un vaste écho par quoi l'intelligence de l'homme répercute immensément une première discipline.

Ces formes sont d'avant l'histoire, d'immémoriale seigneurie. En de telles structures, façonnées aux plus rudes traitements et ennoblies par eux, la loi d'équilibre l'emporte à la fin. Il en devait être ainsi, immanquablement. Au commencement, au plus ardent du chaos, l'équilibre qui allait parvenir à tant de délicatesses miraculeuses ne fut sans doute rien d'autre que le jeu des compensations encore instables et grossières, qui, lentement, mettait fin aux soubresauts d'un astre en train de se figer. Peut-être n'est-il pas de plus sûrs modèles de la beauté profonde que les formes émergées des grandes acrimonies.

Concrétions siliceuses

Dans l'Ile-de-France, au sein d'une carrière de sable, à mi-hauteur de la paroi, gisent des concrétions de grès siliceux. Elles ont l'apparence de paumes ou de palmes, de mains entrouvertes, de pétales froissés. Irrégulièrement espacées, orientées dans le même sens, elles sont alignées en une sorte de banc horizontal discontinu.

Les plus allongées semblent faites de quelque matière fluide ou friable, soudain durcie par le gel, puis trouée çà et là par l'obstination de la même usure qui creusa de part et d'autre, jusqu'à la perforer en son point faible, une surface offerte. Un jeu de forces qui avaient le temps pour elles amassa et altéra, épaissit et effila les masses mystérieuses et parfaites qui publient leurs lois, qui en paraphent et en authentifient la nécessité. D'autres volumes, plus puissamment bombés, opposent un bouclier efficace à une invisible pression. Il en est qui, en arrière s'amincissant ou se déployant, paraissent à l'inverse façonnées par une longue esquive. Un courant souterrain filtrant à travers le sable a formé lentement

28

ces grandes larmes de pierres fixées dans une fuite qui fut toujours éperdue et toujours immobile. Car c'est l'eau qui fuyait. Et, fuyant jour après jour, siècle après siècle, elle entraînait une fine substance et la déposait sur quelque pauvre obstacle qu'elle ne cessait ainsi de revêtir et d'accroître, le changeant en une forme immortelle. Plusieurs des plus belles sculptures modernes ont été trouvées en ce gîte. Elles y étaient depuis environ vingt-cinq millions d'années.

Dendrites

Prisonnières du grès, plus rarement de l'agate, exceptionnellement du quartz, les arborescences du manganèse y étalent leurs dentelles de feuillage, leurs chevelures de neurones. Sur les larges plaques du grès, leurs couleurs varient du rouge brique au noir, en passant par les diverses nuances de l'ocre. Elles se déploient en larges buissons à demi desséchés par le soleil. Chaque brindille se détache et se ramifie avec une prestigieuse netteté. Parfois, elles atteignent l'ampleur des hautes palmes que les gorgonies dressent au fond des lagons dans les mers chaudes comme de grandes mains ouvertes ou comme des lambeaux de filet qu'un lest empêcherait de remonter.

Dans le miel ou le lait bleu de l'agate, les dendrites esquissent souvent des paysages : collines, vallons ou combes, toujours plantés de sapins que la distance rend minuscules et qu'on reconnaît à leur silhouette pointue et aux branches basses un peu relevées. Dans les crépuscules ardents de la cornaline, ils dessinent une ligne noire ininterrompue ; dans la calcédoine au contraire, ils se groupent en bosquets clairsemés.

Le plus souvent, les dendrites de l'agate sont isolées : elles ressemblent alors à des semences de platane flottant dans la gelée minérale grâce à leur parachute cilié. D'autres fois, elles sont comme des méduses ou des lycopodes. Elles évoquent encore le frêle éventail d'un lichen, de ceux qui sont aplatis sur les pierres chaudes et rongés par le temps. Il suffit pour les faire apparaître de polir l'endroit où elles affleurent. Elles sont d'ailleurs vite reprises par la brume de l'agate, où elles s'abîment lentement. Aussi est-ce dans l'eau pure du cristal de roche qu'on les distingue le mieux. Elles sont d'un noir intense, charnues, bifurquées comme feuilles de cyprès, faites d'articles emboîtés comme tarses d'arthropodes. Jamais plante ne fut plus vivace : le linceul de glace infusible ne semble pas en avoir arrêté la croissance svelte. Plus saxifrages que la haute herbacée qui, ancrée à la verticale des parois de montagne, élève du moins ses hampes dans l'air libre, les dendrites, elles, cheminent à l'aise dans le roc limpide et dur. Elles y ouvrent leurs gerbes, leurs carrefours.

Dans le grès, l'agate ou le quartz, dans l'obscur ou l'éclat, ce sont toujours images identifiables et trompeuses, des festons d'ifs et de sélaginelles, des mousses surprises dans la fièvre de proliférer et condamnées par une soudaine magie à une fixité sans appel. Rien ne paraît végétal à ce point; même pas, qui pourtant perpétuent le calque de vraies plantes, les empreintes de fougères dans la houille, de lis de mer dans l'ardoise. Pourtant les dendrites ne furent jamais vivantes. Jamais la moindre sève n'irrigua leurs dentelles ramifiées, jamais en elles semences

n'essaimèrent hors de secrètes besaces pour les multi-
plier alentour. Leurs frondaisons délicates furent
inscrites dans la pierre par une aveugle cristallisa-
tion de substances mortes, d'oxydes métalliques. Mais
leurs touffes et ramages présentent une si prodigieuse
efflorescence que le profane s'y trompe à coup sûr.
Il n'est désabusé qu'avec peine.

Mirage assurément que ces sels qui affichent si
parfaite simulation du végétal, quand ils sont sous-
traits tout ensemble à la vie et à la corruption.
Toutefois je ne parviens pas à me défendre de la
conviction que ces fougères fausses, qui n'ont de la
plante que l'apparence et qui appartiennent à un
règne incompatible, à leur manière avertissent
l'esprit qu'il est de plus vastes lois qui gouvernent
en même temps l'inerte et l'organique.

Un cuivre

Pour attester les actions brutales, je ferai choix des cuivres natifs, et d'abord de l'un d'eux, trouvé à Nelson, au nord de la Nouvelle-Zélande. Il évoque, tordue, dardée, rabattue par l'insistance d'un souffle qu'on ne sent pas, une flamme comme on en voit effilochées dans la campagne par la brise du soir. Elles partent en lambeaux écarlates qui miroitent un instant dans l'obscurité croissante, puis disparaissent d'un coup après une pirouette de danseuse. Cette fois, une magie a saisi la flamme au moment même de sa dispersion : la voici devenue solide et restée mince, image durable et véridique de la fuite du feu et de la gloire du vent.

Autre cuivre

La lourde masse déchiquetée d'un autre cuivre
natif, retiré celui-là du lac Supérieur, paraît s'enor-
gueillir de pouvoir montrer, malgré son épaisseur,
l'effilé, l'émacié propre au métal et qu'on ne constate
jamais sur les roches, fût-ce les plus tourmentées.
Car on distingue alors sans peine qu'elles furent aigui-
sées et creusées en raison de leur faible résistance à
l'usure. Même tranchantes et criblées de cavernes
comme amygdales malades, elles n'abusent pas
longtemps l'observateur. Il comprend que leurs
vacuoles, leurs épines, leurs crêtes dentelées dénon-
cent seulement leur peu de dureté. Il n'en va pas de
même pour ce bloc pourtant compact. On devine
qu'il pourrait être aminci et, sans qu'il se rompe,
rendu flexible. Il fait savoir qu'il fut porté à une
terrible incandescence et forgé sur une enclume mons-
trueuse, au cours d'une lointaine, d'une inaccessible
péripétie de l'histoire de la planète. Puis il se trouva
laissé à refroidir interminablement au fond d'eaux
calmes, où une lente chimie, sans en émousser les
aspérités, le recouvrit d'une patine polychrome.

L'éventail presque entier des verts s'y étale, s'y distribue sans ordre ni principe, au hasard, comme végétation de lichens, de moisissures et de champignons nains qui affleurent par plages inégales, obscures ou pâles, presque toujours clairsemées d'orange vif. Elles éclairent une couche sédimentaire prise par la géologie comme sont pris par le fugace hiver les cours d'eau. Rares dans le détail, quasi clandestins, le vert, les verts, dont le cuivre est foyer, dominent sans qu'il soit aisé de distinguer nettement leurs places fortes et de délimiter leurs zones d'influence. Discrets, d'être divers. Tous sont complices et pourtant chacun accuse sa différence : ici, le vert lustré, presque noir des mousses après la pluie ; là, le satin vert des monnaies de fouilles, attaquées par les carbonates, les sulfites ; plus fréquents, des bleus louches, qui tirent sur le vert, ceux des turquoises, des aigues-marines et des autres pierres bleues quand elles n'ont pas la bonne nuance ; à la limite, le vert tremblé, hésitant, des très jeunes amandes dont le duvet est encore d'argent. Celui-ci, le plus neutre, apprivoise déjà aux surfaces couleur de soie grège qui, bientôt, vont s'élargissant et que paraît innerver un fin relief de basses cloisons. Leur réseau, à l'ordinaire si peu visible, brille dès que la lumière joue sur les minuscules cristaux de calcite qui le constituent. On se croirait soudain en présence d'une sorte de quintessence de minéral, comme s'il était concevable qu'une substance, par sa transparence et sa fermeté, pût devenir réellement plus minérale que le minéral opaque dont elle semble sourdre. En tout cas, ces mailles cassantes, à la fois fragiles et dures, offrent à l'imagination le paradoxe d'une sclérose hyperbolique. Elles renchérissent inexplicablement sur l'inerte, elles ajoutent la rigueur de la mort à ce qui jamais ne fut vivant. Elles dessinent sur la surface du métal les plis d'un suaire superflu, ostentatoire, pléonastique.

Dressée sur sa plus large assise, la pépite affecte vaguement la silhouette d'un être humain, qui s'affaisse, qui se relève ou qui s'arc-boute. De part et d'autre d'un torse indécis, des prolongements gourds, inégaux et confus peuvent passer pour des appels, des commencements de bras. Une opportune déchirure découpe le profil d'un genou plié, elle sépare à la fois du sol et d'un tronc problématique un jarret qui repose ou se tend en prenant appui sur un relief du terrain. Le fragment irrégulier, presque informe, mais à la proportion, qui occupe la place de la tête, contribue, par ses abrupts, ses échancrures, ses excroissances à donner à l'ensemble on ne sait quoi de hagard et de calciné.

Certes, en pareille interprétation, il n'est rien que d'imaginaire, sinon d'hallucinatoire. A analyser froidement chaque contour, on aperçoit vite que rien ou presque rien ne dessine plus qu'une autre forme la forme humaine dans ce morceau de cuivre exhumé d'une boue.

Cependant, pour l'homme, l'image du corps humain possède une si étrange attraction, que j'estime improbable que le premier passant venu ne déchiffre en ce volume équivoque, n'y projette, n'y invente spontanément un être sur le point de succomber ou se crispant en un dernier effort. Niobé, peut-être, assistant impuissante au massacre de ses fils, ou Héraklès achevant d'exterminer les oiseaux de Stymphale et, quoique fatigué, bandant une fois de plus un arc invisible. Chacun puise dans le répertoire de ses légendes pour identifier un fantôme indistinct. Niobé, Héraklès ne sont ici que références locales, en outre infiniment facultatives. Ailleurs, un autre, nourri d'autres fables, eût cru reconnaître d'autres demi-dieux dans la guenille de métal. Mais il n'eût pas échappé, j'en suis sûr, à son invite muette, anxieux de parvenir au visage, de donner le nom d'un héros à une scorie de hasard qui existait avant l'homme, avant toute histoire et toute mythologie.

Ainsi joue également sur les mâchefers d'une métallurgie surhumaine cet impérieux besoin de traiter en rébus toute configuration accidentelle et de peupler d'images familières les nuées, les écorces et les murs craquelés. Tare ou privilège, il n'importe ici; en tout cas, fatalité de l'espèce, dont il convient de tenir compte. Les murs s'écroulent, les écorces se détachent et pourrissent, les nuages sont d'autres nuages dans le moment même où l'on s'efforce de les lire. Les repères qu'ils proposent sont passagers. Mais ce haillon de cuivre demeure. Si altéré qu'il en est devenu inaltérable. Il a passé par les plus sévères épreuves, de sorte que sa longévité et sa résistance défient à la fin tout effort, je ne dis même pas de l'homme, même pas de la vie, de l'irremplaçable sève qui l'anime et qu'il est si facile de restituer au néant, mais des énergies plus rudes sans instinct ni sagesse, qui sont au-delà de la vie.

Je reviens à mon cuivre, à son aspect sauvage et déchiré. J'ai remarqué qu'il obligeait de prime abord l'imagination à solliciter son apparence pour l'annexer à l'univers humain. Mais il y a davantage et qui touche l'art de plus près. Je puis voir à mon choix dans la forme présumée un archer, que Bourdelle eût dédaigné d'achever, une ébauche peut-être plus pathétique, plus expressive que l'œuvre terminée ou, à l'inverse, un bronze antique extrait, à demi liquéfié, des laves de quelque Herculanum, et d'autant plus troublant, chargé de plus de pouvoirs, impurs sans doute, mais dont on ne peut faire qu'ils n'interviennent dans l'appréciation d'une œuvre, car l'homme, qui se sait lui-même destructible, est naturellement ému par l'image de la dégradation. Il reste qu'un bloc de cuivre apparaît à la fois ébauche et ruine : incomplet et dévasté. Le projet abandonné, l'ouvrage ravagé se rejoignent, se confondent en un volume à peine identifiable, mais où s'inscrit et se résume le destin entier de la tentative artistique : l'échec au départ presque inévitable et, en cas de réussite et de miracle, la détérioration finale, plus inévitable encore. Entre-temps, propre à séduire un être éphémère et inconséquent, la chance d'une gloire durable, qui lui survivra longtemps, mais pas toujours.

Agate I

Les nodules d'agate sont boulets gris et rugueux, franchement rébarbatifs. Il faut les rompre pour connaître les spectacles qu'il arrive qu'ils recèlent : rien, le plus souvent, qu'une morne matière peu translucide, à peine différente de celle du premier silex venu; mais parfois des tracés capricieux; des veines parallèles dont les méandres, avant de fermer leur course, ont suivi, non sans accidents ni repentirs, le contour de la croûte qui les retient; plus rarement, des festons minéraux, des points de dentelle, des éclaboussures de pistils et des projections de pollen; des explosions de chrysanthèmes, des pyrotechnies immobiles dans une nuit pétrifiée; la transparence longtemps promise, longtemps différée, et qui surgit à l'improviste comme spectre ou météore; des larmiers et leurs pleurs, d'une résine fabuleuse; l'astre blanc marqué comme au chanfrein de l'arzel; des fenêtres luisantes couleur cyclamen ou églantine; des tentures et des rideaux suspendus en pleine pierre à des crochets invisibles et dont les plis retombent avec solennité, à distance les uns des autres tels des cimes de montagnes impraticables, des draperies

39

d'aurore boréale ; des fosses banales, profondes comme poches à bitume, où se sont déposés la lie et les déchets d'anciens fluides quintessenciés ; des rubans donnés à voir sur la mince épaisseur de leur tranche et dont la traîne somptueuse s'étale, ondule dans une opacité de miel ou d'ambre ardent ou de lessive azurée, comme ailes ou nageoires de chauves-souris marines, de raies.

Je ne compte à rien tout ce que sait identifier dans ces ombres une imagination éperdue ou joueuse, qui y projette un peuple de simulacres : des tours, des dieux, des monstres, des cheminements de caravanes sous les palmes des oasis. Je regarde ces dessins comme ils étaient au matin des âges, quand rien n'existait qu'eux, quand la matière en train de durcir inventait les premiers équilibres et, rétive à toute discipline, évitait à l'occasion l'ordre et la symétrie, — qu'elle essayait ailleurs.

Nulle régularité en effet dans les dessins des agates. Ils semblent contenir le répertoire entier, le vacarme et l'opulence des formes libres, telles qu'un jour l'ingéniosité et la fantaisie des hommes inventeront, non sans complaisance, de les multiplier.

De cet univers tout de souplesse et où les parallèles abondent, les angles sont, sinon bannis, du moins accidentels et surgis malgré eux. S'il s'en présente, ils ne sont pas fragments d'une architecture concertée, sommets de polygones, mais brusque changement de direction d'une veine concave. Ainsi des rubans qui épousent le contour des nodules et qu'une saillie ou une cassure obligent à rebrousser chemin. Deux courbes creuses, adossées, dessinent la pointe d'un angle amaigri qui va s'effaçant à mesure que les anneaux concentriques s'approchent du centre de la pierre. Il s'ouvre, s'aplatit, se résorbe. Il aura disparu lors des derniers cernes. L'angle exclu, la géométrie admise en contrebande et parce qu'on retombe sur elle à force de la fuir, trouve dans les courbes régulières et dans la plus simple de toutes, le cercle, son unique chance. Encore faut-il, pour qu'elle la rencontre, que la sédimentation ou le refroidissement s'effectue dans un espace pur, dans une sorte de vide absolu où rien ne vienne contrarier une opération qui doit s'accomplir en tous sens au même rythme et dans les mêmes conditions : un quasi-miracle dans la rude et inégale matière.

En fait, le cercle n'est pas absent de plusieurs espèces minérales. Il apparaît notamment dans les jaspes et les diorites. Il y constitue un semis dense ou clairsemé comme tissu à pois. Dans l'agate décidément rebelle à la moindre monotonie, on ne le rencontre guère que par fortune, détour d'un méandre refermé sur soi-même, éruption de verrues, anomalie qui surprend dans le déploiement d'un ramage. Incomplet et fréquent, entamé le plus souvent par un cercle voisin, il laisse l'impression d'une tentative avortée. Au contraire, il affirme sa gloire, quand il se proclame vaste et isolé comme le soleil dans le vide du ciel, sur champ uni d'agate obscure ou de cristal incandescent. Alors, c'est merveille.

Parfois le système des cercles concentriques s'arrête avec l'agate elle-même. La substance et la figure prennent fin en même temps. L'une et l'autre sont serties dans un carcan de cristaux, dont les pyramides basses, dardées, repères de rose des vents, limitent et défendent leur solitude. Ce flamboiement immobile les transforme en une sorte d'astéroïde dérisoire, presque métaphorique; ou en joyau.

Quand le quartz se présente ainsi horripilé autour des cercles mats de la calcédoine, c'est qu'il a recouvert de ses prismes, comme d'un gazon de lumière, des stalactites ou des protubérances déjà hautes, comparables à des tiges poussives en cours de germination. Le tumulte des pointes transparentes et brèves enveloppe les couches opaques qui, déjà, se sont elles-mêmes succédé comme aux troncs des arbres les bagues de l'aubier. Une coupe transversale donne un astre annelé jusqu'au cœur et qu'entoure, comme le soleil, une couronne de flammes courtes.

Les auréoles centrales de l'agate s'élargissent autour d'un point à peine indiqué. Soudain, sans que rien fasse prévoir la métamorphose, l'espèce orbiculaire est hérissée de pointes de flèches, d'aiguilles qui ne parviennent pas à la transparence absolue. Incolores ou embuées de mauve, elles n'ont presque jamais l'absence lumineuse du quartz ou le violet d'abîme des plus belles améthystes. Elles sont habitées des ténèbres blanches de la mort des gemmes. Mais elles appartiennent à un règne jusque-là refusé : celui des structures rigoureuses et invariables, une première répartition des énergies et des champs : un ordre.

Dans ma main, resplendit un soleil minuscule. Il n'est qu'un jouet, coloré par zones comme toupie à musique. Des halos centrifuges et alternés lui confèrent un début d'immensité que dément aussitôt sa taille misérable. Ils sont bleu de mer profonde ou empruntent le vert pâle, glacé, glissant des yeux nyctalopes des félins et des hiboux. A l'extérieur, un dernier cercle lamellé, d'un blanc absorbant de neige ou de porcelaine, ajoure la broussaille des cristaux chargés d'éclairs.

Au pire, l'objet évoque l'élément d'un engrenage absurdement luxueux, une roue dentée de noria inutile dont un artisan dément aurait, sur la jante, remplacé les chevilles par des éclats de pierres précieuses. Au centre, comme piqûre d'épingle, presque imperceptible, une trace écarlate : le moyeu de cette roue fausse qui jamais ne tourna.

Les pierreries qui furent entassées aux entrepôts de Golconde, les diamants aujourd'hui gardés aux chambres fortes d'Amsterdam ont assurément plus de valeur et d'éclat. Il leur manque, j'en suis sûr, cette beauté d'astre ouvert, de corolle en expansion.

Agate II

Le quartz n'est pas toujours étoilé autour de la matière opaque. Il arrive qu'il étende autour d'elle une nappe continue tour à tour laiteuse ou irisée. Comme se serait épaissie une perle obscure sur son fond de nacre, ici des écorces alternées ont accru, avant que ne se forme le cristal, autour d'un point mystérieux la sphère de matière précieuse et dure maintenant prise dans la pulpe des faisceaux lui-sants. Tranchée dans n'importe quel sens, elle offre l'effigie d'un astre baigné dans son propre éclat et livrant le secret de son rayonnement. Du centre, figés en leur fuite immobile, s'élancent en effet des cercles nets, de largeurs inégales, aux couleurs franches qui semblent en publier le spectre. Un délicat liséré orangé les sépare à leur tour d'un large diadème extérieur d'améthyste à la fois rayonnante et nocturne.

Sur cette plaque, la futaie compacte des prismes tronqués, hexagonaux et fréquents comme cellules de guêpes ou alvéoles à miel, réguliers et pressés comme canaux de fougères prédiluviennes ou vaisseaux capillaires d'os de dinosaure, laisse deviner comme un crêpe gris, un tulle presque invisible, mais qui suffit à empêcher le cristal de tressaillir. Jusqu'à la vie de la pierre a disparu de l'univers mort et le gel lui-même y est maussade. Un disque sans défaut y languit comme un soleil funèbre au centre d'un firmament aseptique. Cercle bleu nuit, entouré de clématite, puis de pervenche, puis de myosotis ou de lavande, enfin de lait bleuâtre. Loin de l'émettre, il semble éponger avec avidité, comme s'il espérait s'en réchauffer, la lumière exsangue qui l'entoure, si filtrée de la moindre chaleur que seule une banquise aura pu la réverbérer. Au revers de la plaque, comme pour accentuer le contraste avec un espace aussi stérilisé, une hideuse planète, jaune sale et bleue, aux teintes fausses d'huile lourde et de sanie, de mâchefer et de pétrole, de bielles et de réservoirs souillés, au vert glauque de confins d'aéroport, enténèbre plus qu'elle n'éclaire de grandes craquelures de marais asséché, aux mêmes nuances amorties de fruits blets.

Il m'est arrivé d'acquérir une plaque épaisse de calcédoine recouverte de cristaux de quartz, qu'elle rend azurés par transparence. La surface n'en est pas égale, mais soulevée çà et là de douces coupoles, elles aussi hérissées d'aiguilles scintillantes. Sous le quartz, à se fier à la tranche, la première couche de l'agate est bleu soutenu ; sur la seconde, un blanc bleuté, un gris laiteux, un bleu plus pâle se fondent, se mêlent par gros flocons. La dernière assise avant le socle rocheux est bleu sombre, presque noire. Les bandes superposées suivent docilement le relief et se retrouvent sinueuses et fidèles dans le même ordre et avec la même épaisseur, bombées sous chaque calotte, dont elles épousent la souple courbure.

J'ai fait couper et polir quelques-unes de celles-ci au niveau où affleure la plus profonde des couches. La plus superficielle dessine chaque fois le cercle extérieur, plus bleu que les cristaux de quartz qui l'entourent, plus bleu aussi que la couronne formée par la bande, sensiblement plus étendue, qui lui succède. Celle-ci occupe une surface qui repousse la strate précédente jusqu'à la réduire parfois à n'être plus qu'un étroit ruban. Sur ce plus large rivage, un bleu déjà diaphane et un blanc encore opaque se disputent la prééminence en un débat subtil de dégradés et de camaïeux. Au centre, perce la pupille noire, parfaitement circulaire, de l'assise inférieure. On dirait des ocelles, des moignons, des mamelles suppliciées qu'une mystérieuse chirurgie eût laissées intactes et même rendues incorruptibles, au moment où les amputait une lame-fée, plus qu'hémostatique, héritière de Méduse, tranchant toute chair et la changeant en pierre au passage. L'agate ainsi traitée évoque un de ces monstres-gardiens de la mythologie, à l'épiderme couvert d'yeux, ou les divinités orientales sur la poitrine desquelles sont alignées plusieurs rangées de seins, ou encore un tronc humain récemment mutilé de ses membres. Elle éveille davantage l'idée d'un ectoplasme d'outre-monde, d'une substance merveilleuse, pleine de feux et incorruptible. Le fantôme minéral arbore d'inexplicables cibles concentriques, d'un éclat retenu, sournois et avide de lumière, l'absorbant au lieu de la retourner.

Les taches circulaires marquent sur le corps de l'intrus les points intéressants d'un pentacle allongé. Ils semblent d'inquiétants organes d'observation ou de relation, impassibles et muets. Sous les éminences rabotées, des sortes de ravins indiquent confusément les uns le creux de l'aisselle, les autres le pli de flexion sur l'abdomen d'une cuisse pourtant inflexible. Le disque le plus vaste est situé en haut, sur l'axe médian de l'apparition, à la place d'un visage absent. Il ne saurait en aucun cas le rappeler avec vraisemblance, tant il est vide, plat, géométrique, comme tracé au compas. Mais, du visage, il colporte du moins la hantise, la tyrannie. Il affirme qu'il n'existe univers si lointain qui ne doive de quelque façon s'accommoder des mêmes figures élémentaires, des mêmes symétries fondamentales.

Qui n'éprouve soudain le heurt, la connivence aussi, de deux empires incompatibles? Il suffit que le cercle ait été révélé dans une pierre. Voici la fascination aussitôt amorcée. Le cercle qui habite l'agate et la corsite, qui préside à l'aubier comme à la corolle, qui, du soleil à l'œil, circonscrit tant de contours, s'affirme jusqu'en ces profondeurs comme un des rares interlopes préposés au trafic entre les différents règnes.

Pyrites

Des vapeurs peuvent se pénétrer : elles n'ont ni forme ni consistance, tout entières vagues et insaisissables, sans contours ni fermeté. Pour les solides, qui occupent pleinement leur volume, il faut, au contraire, qu'ils demeurent extérieurs l'un à l'autre. Le clou qu'on enfonce dans une planche écarte le bois pour s'y faire un chemin. Une forme est altérée, une matière repoussée. Deux corps aussi malléables qu'on les suppose, cires ou laitons, à plus forte raison s'ils sont durs et cassants, s'ils sont difficiles à entamer ou à restreindre, deux corps quels qu'ils soient ne peuvent en même temps occuper le même espace. Les prismes, les sphères, les cônes que la géométrie imagine se traversant, de toute nécessité sont immatériels, vides, aériens. Rien de pareil ne saurait arriver dans la réalité.

Ainsi en va-t-il pour le cristal de roche, dont la structure et la transparence semblent pourtant accordées à la nature idéale de la géométrie. Quand deux aiguilles se rencontrent, la plus tard venue au lieu de croisement ou peut-être celle dont la force de croissance est moindre, cède le pas à la première ou à la plus puissante, elle adapte sa forme à la forme qui l'arrête ou elle la contourne ou encore se divise en deux branches jumelles, fourche étincelante qui se développe de chaque côté de l'obstacle.

Mais il arrive aussi qu'elle le traverse de part en part, quelque peu diminuée quand elle ressort, mais n'ayant varié ni de forme ni de direction, comme si elle n'avait pas eu à s'interrompre. Les deux aiguilles sont également pures. Rien n'y dérange le regard. En cette transparence extrême, présence et absence ne sont guère distinctes. Les prismes semblent avoir laissé passer seulement de la lumière, et non pas aussi un minéral indocile, résistant s'il en fut, qui ne dévie ni ne s'efface, ne cède ni ne se démet. Pourtant il est nécessairement un carrefour que les deux aiguilles occupent en même temps.

Je ne doute pas que l'aménagement intime de cet espace doublement hanté n'ait reçu ou ne doive recevoir de la science l'explication convenable. Mais je suis sûr que pour rendre compte du mystère, il a fallu ou il faudra qu'elle en appelle aux lois les plus fines, celles qui président à la répartition des particules ténues que l'observation la mieux armée n'atteint pas et qu'il faut des équations pour exprimer.

Pour le regard que laissent incertain des épaisseurs invisibles, la merveille n'est qu'à demi surprenante. Ces corps qu'il perçoit à peine, il leur attribue sans même qu'il s'en doute une nature féerique, abstraite, qui ne relève que de la spéculation et du calcul.

Lumière eux-mêmes, comme les rayons qui les pénètrent ils ne paraissent pas emplir l'espace, mais le découper en volumes imaginaires et vides, infiniment perméables.

Il n'en va pas de même pour les cubes des minerais de fer ou de plomb, pour les polyèdres imbriqués de la galène, de la pyrite ou de la marcassite. Ceux-là, d'évidence, n'appartiennent pas à l'univers potentiel dont la compénétration est la loi. Ils comblent une place irréductible et n'en abandonnent rien. Leur masse pesante et opaque ne laisse pas la ressource de conjecturer une sorte de pseudo-nécrose qui soudain les rendrait solubles ou volatiles, à la façon dont la chenille devient dans la chrysalide une bouillie épaisse qui n'a ni forme ni nom. Il n'est guère possible d'imaginer une matière si rebelle soudain allégée, raréfiée, éparpillée, devenue éponge ou vapeur. Le minéral est préservé par sa rudesse même des traitements subtils dont s'accommode la vie et qui l'exténuent, la condensent en germes et ovules pour la ressusciter ensuite avec usure. Broyé, calciné, le cristal, s'il perd sa forme, ne la recouvre plus, sinon par industrie. Il est poudre désormais, scorie et pluie de cendres, emblème sobre qui montre le chemin de toutes choses, même des pierres, et de toutes formes, image qui tarit l'ardeur de vivre, de créer.

Nulle échappatoire. Les cristaux sont monuments imperturbables et entiers. Ils peuvent être détruits, ils ne peuvent transiger. Qu'ils se juxtaposent, s'affrontent ou qu'ils se répartissent l'étendue contestée, rien de mieux. Il n'en reste pas moins exclu qu'ils coïncident dans le même espace. Or l'impossible chevauchement est ordinaire dans les polyèdres des pyrites.

On croirait qu'ils furent immobilisés au moment où, le plus aisément du monde, ils passaient l'un à travers l'autre, comme fantômes franchissant les murailles. Des cubes, des dodécaèdres ont une inexplicable partie commune qu'il est difficile d'estimer le résultat de quelque fusion : la structure régulière de ces solides demeure entièrement lisible. Les angles, les arêtes, les faces qui sont demeurés au-dehors proclament une architecture flagrante et simple que l'œil est contraint de suivre et de compléter jusque dans cette partie cachée, disparue dans l'épaisseur de l'autre corps sans y avoir perdu sa forme ni sa matière.

Sur la paroi d'un cube, émerge, à peu près au centre, sur la pointe, tel un as de carreau, la face antérieure d'un autre cube. Un imperceptible décalage accuse le relief des deux plans rigoureusement parallèles, si léger qu'on dirait d'abord le plus petit carré gravé en sautoir à la surface du plus grand, mais la dénivellation suffit pour convaincre qu'il ne s'agit pas d'un dessin, mais de l'affleurement d'un corps presque totalement enfoncé dans un plus vaste, de même substance, de même forme, de même teinte, homogène, homologue et qui le contient sans le dissoudre, qui l'admet sans toutefois lui concéder d'espace.

A l'extrême, il arrive qu'un polyèdre se trouve suspendu et enchevêtré dans un autre. On n'aperçoit de lui que deux de ses sommets qui crèvent les pans symétriques de leur prison consubstantielle. Parfois, ce sont des cubes pris obliquement l'un dans l'autre et par une très brève partie d'eux-mêmes. La collusion est si réduite que chacun n'a perdu qu'un seul de ses angles, de sorte qu'il semble qu'on puisse les décrocher sans peine. On se demande lequel des deux resterait intact et lequel présenterait l'encoche inévitable. L'hypothèse que, reconstitués sur l'heure, ils apparaîtraient alors tous deux sans mortaise ni manque continue pourtant d'apparaître la seule équitable, la plus conforme à quelque absurde et impérieuse logique, indifférente aux propriétés de la matière ou les négligeant avec superbe.

Toute macle est mystère et manifeste l'ordre souverain qui constitue comme la loi organique de l'univers minéral. La rigidité des corps ne les rend pas rebelles. Au contraire, elle leur permet plus d'exactitude dans l'obéissance. C'est à proportion qu'ils sont durs et inaltérables qu'ils peuvent suivre les théorèmes de cette géométrie avec moins de marge, de report et de dérogations. Lorsqu'il y a conflit, c'est la matière qui cède et au besoin s'anéantit pour que la forme et jusqu'aux formes incompatibles demeurent intactes, irréprochables, inscrites et proclamées, même par leur absence, comme ondes lumineuses ou sonores qui, interférant, s'annulent, produisant de leur redondance un noir plus visible que l'éclat ou un silence plus audible que le vacarme.

Hématite iridescente

A Rio Marina, dans l'Ile d'Elbe, il arrive que les mineurs mettent au jour des cristaux à forte proportion de fer — c'est déjà merveille que du métal naturellement géométrique. Il y court parfois un reflet vert intense, tout chargé de ténèbres, surenchère alors sur le vert comme l'est sur le bleu le bleu plus noir que le noir des ailes des corbeaux. Le vert glisse à la surface du fer et lui ajoute un éclat impatient qui frémit sur le miroir sombre comme l'eau à l'instant de bouillir. Il s'y trouve réverbéré (d'où venu?), couleur d'outre-monde brusquement captée et vite retournée, tel le mince éclair d'une foudre minuscule.

La nuance est froide, sinon cruelle; pourtant, des rayons mordorés surgissent, s'y hasardent : un or sourd, parfois un rouge de braise et, plus souvent, un violet d'iode et de fuchsine, aussitôt fondus dans la lumière vert uni de cétoine, de carabe, fuyant sous l'herbe, vert sur vert, sans les irisations viles des oligistes de même provenance, fissurés et crevassés comme par une monstrueuse dessiccation. On les dirait retirés d'un bain de savon. Le prisme s'y décompose et y scintille avec arrogance comme dans les verroteries de bazar. Sur de fines lamelles ou sur une croûte grenue et mamelonnée, le halo d'un arc-en-ciel sans transparence s'élargit, s'éparpille comme taches de naphte à la surface de l'eau souillée des ports ou dans les caniveaux des garages. L'oscillation déteinte et bariolée fournit alors le repoussoir qu'il faut pour faire apprécier à sa valeur le sinople glacé que tout à la fois lance et retient le fer, foyer profond de l'opaque absolu, la nuit soudain adamantine — c'est épithète de minéralogiste, non de poète — quintessenciée en son propre germe, l'encre, l'épais et le poids de la nuit ramassée derrière les biseaux du cristal, les angles et les plans, où s'est arrêtée l'inconcevable et régulière croissance d'un métal.

Quartz squelette

Une ou plusieurs faces de l'aiguille ou, rarement, toutes, rongées comme par un dissolvant, sont creusées d'une multitude de cavernes minuscules et étincelantes. Le cristal n'a rien perdu de sa transparence ni de son éclat. Sa capacité de réfléchir la lumière et de l'exaspérer se trouve au contraire multipliée par le foisonnement des alvéoles. Le mal mystérieux qui attaque le minéral n'a fait que porter au paroxysme ses vertus d'écho et de miroir. En même temps, chaque paroi, si crevassée qu'elle soit, conserve assez de sa surface lisse et première pour rappeler à l'observateur qu'elle fut parfaite, sans nulle aspérité. De l'aiguille pure, il ne subsiste à première vue qu'un moignon grêlé, néanmoins toujours aussi intraitable et translucide. On dirait le noyau d'une presque indestructible substance lumineuse, picorée jusqu'au cœur par le bec famélique d'un oiseau fantôme, fouillant avec avidité et sans y prendre garde une matière où le plus dur métal ne mord pas.

Quartz fantôme

Une aiguille de cristal habitée par sa propre effigie est dite quartz fantôme. Elle est scandée dans son épaisseur par l'épure répétée de sa forme, comme par autant de voiles successifs, de peaux que la mue aurait conservées au lieu de remplacer. Elle impose avec insistance l'idée, l'image, sinon la preuve d'un développement personnel qui obéit, dans un univers qui l'exclut, à l'impérieuse fatalité d'un germe.

Les laiteuses séparations superposées qui interrompent de leurs névés la limpidité d'une geôle étincelante y marquent la croissance de ses propres parois. Parfois, elles disparaissent à l'improviste, dissipées comme brouillard qui fond. Mais le moindre changement d'angle suffit pour que renaisse leur versatile inconsistance. Les lignes parallèles s'emboîtent sans faute jusqu'au cœur du cristal. Elles dessinent à l'intérieur de sa transparence les spectres fidèles, domestiques, de l'aiguille à six pans qu'ils hantent et dont ils multiplient l'impalpable simulacre. On dirait les reflets qui décroissent et s'estompent d'un objet pris entre deux miroirs affrontés. Mais, au lieu qu'ils s'évanouissent dans des lointains symétriques, ils gagnent sans l'atteindre le centre inaccessible, ils étagent leurs sommets dans l'axe même de la lumière et de la pyramide. Les vaporeux suaires successifs, en suspension dans la clarté que givre leur pâleur, évoquent inévitablement les couches de l'aubier, qui, elles, balisent dans une matière périssable les courtes saisons du calendrier et non, dans l'indestructible, les millénaires de la géologie.

Béryl blanc

En haut et en bas, le cristal est fermé par deux surfaces parallèles et planes. A la perpendiculaire, tombe un rideau étincelant, de plus d'éclat que de transparence. Une fente étroite, dont les bords se rejoignent avec lenteur, le partage en deux piliers massifs. Cette arche ménage dans sa lumière une brèche à l'obscur, un chenal pour des ténèbres qu'on dirait plus faciles à saisir que la cascade de feux qui ruisselle alentour, noyant de lumière une futaie de fines colonnes pressées, plus minces qu'aiguilles.

Colonnes et aiguilles sont imaginaires. Jusqu'à leur absence est fantasmagorique. Elles ne marquent pas les places où la matière est rassemblée, mais pas davantage celles d'où toute substance se serait retirée en vertu de quelque inconcevable refus. Les yeux et ce qui, derrière les yeux, se souvient, s'émeut, assemble et, sans le savoir, construit et conjecture, sont pourtant assurés de percevoir des vides effilés qui, dans l'épaisseur incolore, esquissent l'illusion d'une averse scintillante. Le béryl est criblé de puits peu profonds, quoique d'une extrême étroitesse.

Ces cuvettes exiguës sont si voisines qu'elles mordent les unes sur les autres. Les surfaces horizontales sont ainsi piquetées d'une multitude de cavités naines. Leurs bords se fondent souvent en une arête unique qui surplombe deux cratères limitrophes. Les cornets semblent prolongés par de fins canaux invisibles, où un cheveu pénétrerait à peine.

On imagine mille épingles d'entomologiste, longues, fines, flexibles, plongées parallèlement dans une substance liquide et diaphane, puis retirées d'un coup au moment où celle-ci s'est prise, de façon à n'y laisser que leur exacte absence. Il n'y a pourtant que de larges traces de poinçons, superficielles à tout prendre. Il est clair qu'aucun métal, qu'aucun trépan, ne réussirait les forages fabuleux que l'esprit se plaît à supposer. Les brutalités souterraines de la nature, dont la promptitude et la pertinence sont pourtant extrêmes, s'en révéleraient peut-être, elles aussi, incapables. Le béryl, de tous les corps connus, est un des plus proches du diamant dans l'échelle de la dureté. Pour le percer d'une pluie aussi précise, drue et fréquente, il faudrait une force plus délicate et plus puissante encore que celles que mettent en jeu les bombardements de particules et que, dans les laboratoires, des savants téméraires descendent puiser dans l'amande même de l'énergie.

Les pans coupés des entonnoirs donnent à la surface du béryl, à la fois rugueuse et lisse, une douce, caressante, rayonnante inégalité. A y regarder de plus près, leurs contours dessinent comme un minuscule gâteau de miel, un réseau désordonné et dense d'alvéoles hexagonaux. En effet, les dépressions ne sont pas circulaires, comme il avait d'abord semblé. Leur section prismatique fournit bientôt la clef de l'énigme, qu'il n'était sans doute pas difficile de deviner, sinon de prévoir, peut-être de déduire : une clef, toutefois, plus énigmatique que l'énigme elle-même. Les vides sont des empreintes, et justement empreintes d'aiguilles de béryl, des gaines de cristaux complémentaires. Identiques et virtuels, constitués en creux, ils présentent les mêmes angles inévitables, les mêmes faces attendues et la monotone pyramide terminale, en un mot rien que d'obligatoire, mais inverse, mais négatif, comme si la nature avait inventé une sorte d'algèbre de la géométrie. De l'autre côté de l'abstraite paroi qui sépare l'être du néant, elle a répété, en repoussant le minéral selon une stricte et idéale symétrie, les opérations complexes qui aboutissent à la création d'une structure régulière. Des quinconces serrés de brillants fourreaux sans poignards simulent des giboulées de lumière qui, dans un espace sans pesanteur, tomberaient à la rencontre l'une de l'autre, destinées à se croiser absurdement. Chacune est forêt d'aiguilles fantômes, l'envers, la matrice dans une matière noble d'une horripilation immortelle, le hérissement secret et précis d'aucune toison.

L'eau dans la pierre

Parfois un nodule d'agate, de dimensions modestes, soupesé, paraît anormalement léger. On sait alors qu'il est creux et tapissé de cristaux. Si on le secoue près de l'oreille, il arrive, mais très rarement, qu'il fasse entendre un bruit de liquide battant les parois. A coup sûr, une eau l'habite, demeurée prisonnière dans une geôle de pierre depuis le début de la planète. Le désir naît d'apercevoir cette eau antérieure.

Il faut polir lentement la surface rugueuse, l'écorce de la géode, puis, avec plus de précautions encore, la calcédoine interne jusqu'au moment où, derrière la cloison translucide, une tache sombre se meut. Elle tremble avec la main qui tient la pierre, et son niveau reste obstinément horizontal, quelque inclinaison qu'on donne à celle-ci. C'est l'eau ou, du moins, un fluide d'avant l'eau, conservé d'époques si lointaines qu'elles ne connaissaient sans doute ni sources ni pluies, ni fleuves ni océans. De liquide, rien alors que des métaux en fusion bientôt solidifiés ; peut-être, en quelques cavités perdues, le véloce et paradoxal mercure, miroir fugitif, liquide et froid,

61

seul métal qu'il faille pour geler une sévère température que la planète attiédie n'est pas encore près d'atteindre ; enfin cette eau secrète qui assurément de l'eau n'eut jamais que l'apparence.

A la plus légère fissure, à la première percée, fût-elle plus mince que cheveu, elle fuse et se volatilise en moins de temps qu'il ne faut pour le dire. Seule une pression extraordinaire la maintenait liquide. La moindre issue lui suffit pour disparaître sur-le-champ, évaporée en un éclair après la plus longue réclusion.

Aussi ne trouve-t-on cette eau captive que dans les substances les moins poreuses, comme le quartz ou la calcédoine, qui interdisent ou peu s'en faut toute osmose, toute transpiration. Encore la calcédoine n'est-elle pas une prison tout à fait sûre, puisque des artisans habiles, entre l'Eifel et le Hunsrück, parviennent à y infiltrer une couleur. Le cristal de roche, seul, est assez étanche pour qu'aucune fuite ne soit à redouter. Le liquide se tient dans les vides parallèles qui séparent les couches superposées de certaines aiguilles. Celles-ci semblent s'être développées par bonds intermittents. Entre chaque nouvelle poussée, comme entre des doubles fenêtres, un liquide non moins transparent que les cloisons qui le retiennent s'est trouvé, au commencement des âges, à la fois pris au piège et rescapé de terribles émois. Depuis, des libelles sphériques ou allongés errent sans fin dans un labyrinthe de chicanes invisibles. Selon qu'on tourne le cristal dans un sens ou dans l'autre, ces bulles montent, descendent, obliquent, s'engagent dans une rigole imprévue, sans se rencontrer jamais. Chacune dans son dédale, de tailles diverses et sans cesse déformées par les obstacles qu'elles contournent, elles perpétuent absurdement les figures invariables et changeantes d'un chassé-croisé, d'un carrousel sans dénouement.

Dans le quartz, l'eau est à l'ordinaire répartie en plusieurs cellules qu'elle occupe presque entièrement. Dans la calcédoine, elle est ramassée en une seule poche ; l'espace au-dessus d'elle est si haut et si vaste qu'on dirait le ciel recouvrant quelque étang ensorcelé. Les remous du liquide ajoutent en filigrane ce lac sonore et indistinct, rapetissé jusqu'à tenir à l'intérieur d'une pierre, comme le mystère d'un paysage spectral, brumeux, pourtant plus réel et plus lourd que les paysages évasifs que l'imagination, au premier appel, se hâte de projeter dans les dessins des agates.

Sur celle-ci, circulaire et bombée, les gros flocons jaunes d'un ciel de neige pressent vers le centre une fenêtre irrégulière d'améthyste, dont les prismes soudés dessinent une verrière aux minuscules éléments hexagonaux. Ceux du centre sont presque incolores et paraissent n'exister que comme une ouverture seconde pratiquée dans le vitrail plein. Quand on incline la géode, la ligne sombre de l'eau monte et descend derrière la baie et c'est comme une lente paupière ; ou la nuit qui tombe ou qui s'élève telle une respiration de lave aux cratères des volcans ; ou, perceptible par ce hublot seul, le flux et le jusant inexplicables d'une mer immense et seule, sans lune ni rivages.

Le bleu d'orage d'une calcédoine nocturne emplit une autre fois la surface de la pierre. Sur le bord, des taches de pourpre ou de vermillon s'élargissent autour de voiles livides tranchés net par le polissage. Leur traîne oblique disparaît vite dans l'épaisseur du minéral, comme guenilles prises par la glace. Tout en bas, des strates laiteuses, plus claires ou plus foncées, dessinent autant d'horizons étagés ou les reflets d'un astre invisible sur l'avancée des vagues parallèles. Au-dessus, d'énormes nuées frémissent de mille menaces obscures et d'une plus explicite : en guise d'ultime semonce, un météore consumé en plein ciel par sa propre chute fait un accroc tragique aux ténèbres.

Les deux faces de l'agate sont également polies et du même bleu nocturne. Elles offrent un miroir identique, chargé de présages et d'invectives. Entre elles, qui semble en garantir la terrible promesse, l'eau cachée des origines dont on voit l'ombre se déplacer et dont l'oreille entend le clapotis. Je crois que nul ne reste insensible à l'émotion qu'engendre pareille présence. Ce vase le plus clos jamais ne fut ouvert. Il ne fut même pas soudé à sa naissance, comme ampoule de verre. Un vide s'y creusa de lui-même au cœur de la masse. Nul ni nulle force n'y fit pénétrer le fluide incorruptible qu'il contient et qui, depuis lors, demeure impuissant à s'en échapper comme à s'y dessécher.

Le vivant qui le regarde comprend qu'il n'est, pour sa part, ni si durable ni si ferme. Ni si agile ni si pur. Il se connaît sans joie à l'extrémité d'un autre empire, et soudain si étranger à l'univers : un intrus hébété. Je ne devine que trop, par obsession personnelle, quelles méditations, du moins quelles rêveries vagues, un passager du monde peut commencer de dévider à partir de ces cailloux hantés d'une liqueur, un peu d'eau géologique restée prisonnière dans la poche transparente d'une pierre hermétique.

III. MÉTAPHYSIQUE

Une idée de l'immortalité

De nos jours, on peut acheter dans les magasins de Pékin et des grandes villes de la Chine et aussi du Japon des pierres aux formes élégantes, aux courbes harmonieuses, installées sur des socles ouvragés faits à leur mesure. Elles sont l'équivalent d'objets d'art et peuvent atteindre de grands prix. Au xviiᵉ siècle, Tch'en Ki-jou énumère dans son traité des *Vertueux Divertissements* les conditions favorables à l'appréciation de la peinture. Il note parmi elles : « Être entouré de pierres rares. » Sur de nombreux tableaux de l'époque Song, qui représentent des jardins ou des terrasses de palais, on voit de hautes roches déchiquetées, apportées là et dressées comme ornement suprême de la demeure. Le dernier des Song du Nord rassembla de nombreuses pierres dans un jardin cosmique. Ce parc passait pour un diagramme complet de l'univers visible et invisible.

Les amateurs de pierres étranges étaient alors nombreux et célèbres. Après dix siècles, il en demeure d'illustres. Divers manuels appelés *che-p'ou* servaient alors à guider leur quête. Le mieux renseigné d'entre

eux est probablement le *Yun-lin che-p'ou*, « Catalogue
des Pierres de la Forêt Nuageuse » de Tou Wan, qui
décrit les minéraux les plus recherchés en précisant
leur lieu d'origine et leurs caractères remarquables.
Tou Wan descendait du célèbre poète Tou Fou. Il
écrivit son répertoire en 1126 pour le bénéfice des
connaisseurs. Il voyageait beaucoup, afin de se pro-
curer des pierres rares. Il raconte comment il les
acquérait. Pour le choix des meilleurs échantillons,
il recommande les critères suivants, je suppose par
ordre d'importance croissante : bizarre *(i)*, insolite
(ch'i), fantastique *(kuai)*. Il montre une préférence
pour les pierres veinées ou perforées. Son ouvrage
signale en outre que Li Tö-yu (787-849) rassemblait
déjà les pierres insolites et les arbres rares du monde
entier dans son domaine de P'ing-ts'iuan. Il voulait lui
donner l'apparence d'une demeure d'Immortels.

Les riches se ruinent pour une belle pierre. Le
Chan-kou rapporte que le préfet de Siang-Kiang
dépensa dix mille pièces d'or pour sa collection. Le
Ts'ing-yi lou de T'ao Kou perpétue la mémoire du
Censeur Général Souen Tch'eng-yeou. Il était si riche
qu'il aurait pu renverser la dynastie. Il acquit pour
mille pièces d'or une pierre unique de malachite
ou de jaspe vert, que ses aspérités faisaient ressem-
bler à une montagne. Les pièces recherchées doivent
en effet ressembler à des montagnes ou à des grottes.
Ce sont des sites magiques, des refuges que l'on décrit
volontiers éclairés simultanément par le soleil et
par la lune. Les herbes y sont immuables et les nuages
harmonieux. « On n'y trouve rien de vulgaire. Les
oiseaux répondent à l'appel des hommes, les fleurs

accueillent les visiteurs. » Ce sont des mondes complets et étanches. En outre, sur un grand plateau, un échiquier et les pièces du jeu attendent les Véritables. (On reconnaît les séjours d'Immortels à la présence d'un jeu d'échecs naturel.)

Les cavernes procurent une image de la voûte du ciel. Les stalactites poussent à l'envers, elles sont des cloches ou des mamelles. Les Sages y tètent l'immortalité. Toute pierre qui se développe à l'envers au bord des précipices ou en surplomb est précieuse. Elle ressemble à la chauve-souris suspendue dans les cavernes la tête en bas. La chauve-souris est immortelle. Les meilleures pierres de cette espèce, affirme le *Tong-t'ien ts'ing lou*, sont celles qui évoquent de jeunes pousses de bambou, des bœufs couchés, des serpents lovés. « Elles sont souvent poreuses et percées de trous. Elles reluisent. Elles sont minces et tranchantes, glissantes comme la graisse, noires comme la laque. Elles ressemblent à des hommes, à des animaux. Elles sont l'objet d'une ardente convoitise. »

Le néant du ciel s'appelle *vide*, le néant des montagnes *caverne*, le néant de l'homme *retraite*, chambre vacante de sa demeure ou de son cœur. On entre dans les Cieux-Cavernes en se courbant, en rampant, en se rapetissant. Seul qui sait devenir microscopique y trouve asile ou peut y circuler. Les magiciens taoïstes connaissaient cet art. Ils devenaient Immortels.

Tel Hiuan Kiai. Venu à la Cour, il désirait retourner à la mer Orientale. L'Empereur refusait d'accéder à son vœu. Dans le palais, il y avait un bois sculpté et peint, orné de perles et de jade. Il représentait les Trois Montagnes dans la Mer, c'est-à-dire les îles des Bienheureux. Voici ce qui arriva, selon le *Tou-yuang tsa-pien* de Sou-Ngo des T'ang : « *A l'occasion du Nouvel An, l'Empereur alla contempler ce panneau en compagnie de Hiuan Kiai. Il dit en montrant du doigt l'Ile de P'eng-lai : « A moins d'être un Immortel supérieur, on ne peut pas atteindre cette région. » Hiuan Kiai dit en riant : « Ces trois îles n'ont qu'un peu plus d'un pied. Personne ne peut prétendre qu'elles soient difficiles à atteindre. Je n'ai pas beaucoup de pouvoir, mais j'essaierai d'y faire un tour pour le compte de Votre Majesté, afin d'y examiner la beauté et la laideur des êtres et des apparitions. » Aussitôt il sauta en l'air et* devint de plus en plus petit. *Puis, brusquement, il entra par les portes d'or et d'argent. Les assistants eurent beau l'appeler, on ne le revit plus. L'Empereur le regretta beaucoup. Il en eut des éruptions sur la peau. A la suite de ces événements, on appela cette montagne « Ile où disparut le Véritable ». Tous les matins, à l'aube, on brûlait désormais de l'encens « Cervelle de Phénix » devant cette Ile pour le vénérer. Une dizaine de jours plus tard, un rapport vint de Ts'ing-tcheou disant que Hiuan Kiai avait traversé la mer monté sur une jument jaune.* » Le jaune est la couleur de l'immortalité.

C'est question d'échelle. Toute pierre est montagne en puissance. Les initiés passent facilement d'une grandeur à une autre. Ton-fang Hiuan vivait dans une cabane au pied d'une montagne avec une femme qui lui enseignait le Tao. Une autre magicienne s'y rendit pour jouer aux échecs avec lui. Comme il était occupé, il leur dit de se divertir en l'attendant : « Sur ce, les femmes tracent devant elles, de leur doigt, un dessin sur le sol. Ce dernier se transforme en un grand lac bordé de hauts pins et de bambous verts. On trouve une barque au milieu. L'une des femmes y monte. L'autre jette un soulier dans le lac. Il se transforme en barque et elle s'y rend. Les deux magiciennes se promènent en chantant. A la fin, elles font tout disparaître à l'aide d'une formule. » Les Immortels savent créer des sites, y pénétrer, s'y évanouir. Il leur suffit de dessiner, de peindre : une montagne surgit.

Sou Che (1035-1101), l'un des plus célèbres poètes des Song, également peintre et prosateur, vainqueur des concours impériaux en 1056 et membre du Bureau de l'Histoire sous le règne de Ying-tsong, collectionnait les pierres. Sa vie fut une succession de promotions et d'exils, de succès et de disgrâces. Il écrivit beaucoup sur les formes des falaises, les cavernes, les pierres creuses et sonores comme les cloches. Il conta, en une prose qu'on dit incomparable, les promenades irréelles qui l'enchantaient au sens fort du mot. La réalité s'y mêle au rêve. Les Immortels y apparaissent et disparaissent, tantôt grues solitaires aux ailes plus vastes que les roues d'un char et aux cris discordants, tantôt moines taoïstes en robes de plumes. Mais Sou Che sait reconnaître qu'il s'agit des mêmes êtres. Seul s'est transformé, entre le songe et le réveil, le site de la randonnée. Il avait acheté une pierre verte et blanche, qu'il désigna du nom de la montagne Tch'eou-tch'e du Kansou. On y reconnaissait un lac (en miniature) au sommet et un chemin « sinueux comme les intestins d'un mouton ». Elle était en même temps une grotte et communiquait avec le premier des Cieux-Cavernes, celui qu'on appelle Pureté du Vide. Mais il fallait sans doute pour y parvenir avoir su devenir assez petit pour pénétrer dans les cavités de la pierre. C'est privilège d'Immortel.

Sou Che estima que ce mont minuscule était solitaire. Il lui acquit à grand prix un compagnon sous la forme d'une autre pierre, qu'il acheta à Kiang-tchou. On trouvait là des roches réputées, les unes tourmentées, les autres plates, minces et percées de trous. Celle de Sou Che, décrite dans le *Yun-lin che-p'ou*, était très découpée et présentait neuf pics. Elle offrait des sinuosités pareilles à des balcons. On y distinguait comme des ouvertures. A elle aussi, il donna un nom de montagne, l'appelant dans le poème qu'il lui consacra « le Mont Kieou-houa à l'intérieur d'un vase *hou* ». Voici le poème :

Les purs ruisseaux tournent comme l'éclair. Ils se perdent dans les pics nuageux ;
C'est un brusque réveil au milieu d'un rêve ; le ciel balayé est d'un bleu de martin-pêcheur ;
Au-delà de mille parois, rien de triste dans ces cinq collines ;
De ce jour, le Mont Kieou-houa tient dans un seul vase hou ;
Les eaux du Lac Céleste tombent d'étage en étage ;
Partout on communique par les fenêtres vides des filles de jade ;

Pensant que mon Tch'eou-tch'e était trop seul,
J'ai acquis cette pierre verte découpée à jour pour
cent pièces d'or.

Les vases *hou* sont carrés (comme la Terre), leur goulot est circulaire (comme la coupole du Ciel). Le commentateur du poème prend soin d'indiquer qu'ils sont eux aussi des mondes complets, quoique réduits. On admet qu'ils contiennent des pics et des abîmes, des fleuves, des mers avec des archipels et, d'abord, des montagnes. Les Cieux-Cavernes, asiles des Véritables, sont des sortes de vases *hou*. Ils procurent à ceux qui en sont dignes des cachettes analogues, closes, mystérieuses, magiques, où la vie n'a pas de fin (où l'on ne conçoit pas de fin à la vie). Là, le corps de qui se tient parfaitement droit ne projette pas d'ombre et la voix n'éveille aucun écho.

La pièce la plus connue est l'Encrier-Montagne de Mi Fou, en pierre de Ling P'i. Elle avait appartenu au prince Li, le dernier des T'ang méridionaux (923-934). Mi Fou l'échangea à son ami Lieou King contre un tableau de grande valeur, un cheval peint par Han Kan, le maître incontesté du genre. A la fin de sa vie et pour qu'il n'échouât pas en des mains indignes, Mi Fou le céda aux descendants de Sou Chouen-k'in. C'était un calligraphe de style cursif, dit *écriture d'herbe*, technique abrupte et téméraire dans laquelle Mi Fou s'était illustré lui-même et qu'il avait portée au paroxysme. Il obtint en échange le terrain sur lequel il construisit un de ses ermitages dans l'enceinte du temple de l'Ambroisie Céleste à Jouen-tcheou. Comme son nom l'indique, l'Ambroisie n'est rien d'autre que l'élixir d'immortalité.

L'Encrier-Montagne fut admis à la fin dans les collections impériales. Dans les premiers temps, Mi Fou ne s'en fût pour rien au monde dessaisi. Le *Ka'o-P'an yu-che* insiste sur le fait qu'il était entièrement naturel : « Aucune intervention humaine ne l'avait façonné ainsi. C'était par là qu'il était vraiment précieux. » Mi Fou lui consacre un poème que recueillit, au XIIIe siècle, Yo K'o. Yo K'o s'indigne qu'on puisse parler de la petitesse de l'objet. Pour lui, il le compare au Mont Song. Il décrit les terrasses réduites, les amphithéâtres minuscules, les cimes infinitésimales. Rien n'y manquait : plateaux, cirques, pics, routes aux neuf lacets. « Face au sud, le champignon d'immortalité devait pousser, face au nord, on devinait la présence cachée du serpent. » L'encrier était une poussière et un monde, un atome et une galaxie. Il paraît que « le cœur saisi par ce spectacle se sentait prêt à bondir jusqu'à l'empyrée ». Sans doute, l'esprit ébloui contemplait-il la structure de l'univers à quelque échelle qu'il lui plaisait de la situer. Blaise Pascal, aux antipodes et plus tard, éprouva, sans encrier, des vertiges analogues.

Il existe dans le *Tcho-keng lou* un dessin au trait de l'Encrier-Montagne. Fort décevant, il ne permet pas d'apprécier une splendeur pourtant créditée des plus hautes attestations. Il est accompagné d'indications qui valent la peine qu'on s'y arrête. Il y est à nouveau spécifié que la pierre n'a pas été retouchée, qu'elle est entièrement « spontanée et naturelle ». En outre, l'inscription donne le nom de chacun de ses reliefs : *pousse de jade, pic du dais fleuri, précipice de la Lune, grotte supérieure, martin-pêcheur*. L'un d'eux, nommé *lac du dragon*, entraîne la précision suivante : « Quand le temps est à la pluie, il s'humecte ; versez-y quelques gouttes d'eau et il ne s'épuisera pas, même en dix jours. » L'inscription dit encore : « La grotte inférieure communique avec la grotte supérieure par une triple contorsion. J'y ai fait, un jour, une randonnée mystique. »

Je ne sais pas ce qu'il faut entendre par une telle expression. Les taoïstes étaient férus des voyages de l'âme. Il s'agit sans doute de ravissements extatiques, hérités des anciens chamans. L'esprit, affranchi du corps, est censé parcourir sans effort et presque instantanément les différents mondes naturels et surnaturels, avant de réintégrer son enveloppe. Il se meut avec aisance dans les neuf étages de Cieux et les neuf étages d'Enfers qui composent les cônes opposées par la pointe, dont est fait l'univers. L'infime et immense nature où vivent les hommes ordinaires est le lieu minuscule de leur jonction.

Comment parvenait-on à ces comas hallucinés ? Mi Fou fixait-il jusqu'à l'hypnose la pierre perforée ? Certains textes inclinent à conjecturer que l'adepte faisait circuler par les cavités communicantes qu'elle contenait, des fumées qui l'enivraient. Peu importe. De cette pratique, je ne veux retenir que la contemplation intense et prolongée d'une pierre, monde en réduction, où l'âme éblouie pénètre et goûte une jubilation exaltante.

Seuls les Immortels sont capables de pareilles randonnées. Peut-être convient-il de renverser la formule. Seuls ceux qui éprouvent de semblables plénitudes, qui rêvent qu'ils effectuent de semblables voyages, peuvent avoir un pressentiment de l'Immortalité. Celle-ci n'est pas une survie indéfinie, elle ne s'obtient pas davantage par les enfants ou les œuvres, par la descendance de la chair ou la vénération des disciples, par le résultat de l'action.

Le Véritable devient invisible. Il se retire dans une île, au sommet d'une montagne, dans une caverne en forme de gourde. Il s'enfonce et se perd dans un paysage qu'il a lui-même tracé. Il ne reparaît plus. Il a quitté le monde des variations fugaces et vaines pour regagner la source universelle, pour participer à la permanence incorruptible. Dans ces asiles où rien ne saurait l'atteindre ni le troubler, il est immortel, silencieux, insensible, à la façon des pierres. En même temps il a rejoint la sève qui chemine dans les arbres, les fougères et les brins d'herbe. Les subtilités des théologies, les apories de la métaphysique, les promesses de délivrance ou de félicité n'ont pas d'autre embouchure que cette vacuité consentie. Un simple vieillard suffit à relayer les Immortels fabuleux qu'un beau jour personne n'a revus. Il a découvert la Voie. Sans légende ni transes ni vertige, il donne l'exemple de la même sérénité, rien qu'en reconnaissant dans la pierre qu'il aime la perfection toute profane, sinon laïque, qui obtint sa préférence.

En 1601, la préface du poème *Siao-lou-che* rapporte ainsi qu'un amateur de Lo-yang possédait une pierre où l'on distinguait des ruisseaux et des gouffres. Elle portait un arbre nain, un pin éternellement vert, sur qui les saisons n'avaient pas de prise et dont l'éclat jouait avec l'éclat de la pierre. Le propriétaire de la merveille s'identifie avec elle : « Les Anciens avaient coutume de dire : observez ce qu'il aime et vous connaîtrez l'homme! Cela s'applique si bien à moi, vieux collectionneur. Pur et beau, aux os florissants, sans rien de vulgaire : le corps de la pierre; efficience qui dépasse toute une génération et pourtant sans mouvement : voilà sa nature; chantant assidûment sans se lasser : c'est sa culture; prolongeant son bonheur le long des années sans s'écrouler : c'est sa longévité. Ainsi moi, vieux, je suis la pierre et la pierre c'est moi. » Ailleurs et auparavant, Épictète, Marc Aurèle et les Sages du Portique avaient su dire, en d'autres termes, dans une autre langue : « Je ne recherche ni ne refuse. »

L'amateur de Lo-yang est, à sa manière, un Immortel; il n'a rien à faire avant de mourir et, avant qu'il ne meure, rien ne peut l'affecter. La mort, si naïvement crainte ou vantée, ne lui enlèvera rien, même pas la vie ou ce si peu de vie qu'il retient encore et qui, mince pellicule, le sépare de la plus profonde essence et la moins volatile. De celle-ci, la vie n'est qu'une manifestation parasite : locale, passagère, superflue. Il est au-delà, il est pierre, comme si, à l'instar des Sages antiques, il avait tété l'immortalité aux mamelles des Cieux-Cavernes, qui sont aussi des coupes divines, des cloches dont le son fait oublier la durée, des chauves-souris âgées de deux mille ans et plus, aux os devenus d'argent.

*

Aujourd'hui, le gouvernement de la Chine a réuni dans un parc de Nankin les plus grandes et les plus remarquables des pierres étranges qui faisaient naguère l'orgueil de riches amateurs. Elles continuent à susciter la même admiration. Quelques tenaces préférences souterraines conservent le pas sur la patience de l'histoire et les révolutions de la politique.

IV. MORALE

Intervention de l'homme

Pierres contre nature

Je suppose, dans l'infinité des mondes, un monde où s'est produit un premier miracle, la vie ; sur ce monde, parmi les nombreuses espèces qui répètent à chaque génération une destinée immuable, une race industrieuse, avide de modifier son avenir. Je feins qu'elle y soit parvenue, qu'elle dispose de machines, d'énergies domestiquées, d'écoles, de bibliothèques, de laboratoires, d'usines. J'imagine, en outre, que ses savants ont patiemment étudié l'habitat commun, qu'ils ont catalogué les métaux et les roches, inventorié les moindres accidents de terrain et, parmi les curiosités du relief, distingué, défini, expliqué les demoiselles coiffées, les cheminées des fées et maintes formes étranges qu'il arrive aux caprices de l'érosion de sculpter dans un sol meuble. Je suppose enfin que ces êtres, qui ont oublié depuis longtemps leurs débuts, se prennent un jour, au cours de leur longue histoire, à s'interroger sur d'autres pierres, isolées ou rangées tantôt en cercles tantôt en interminables files, et qu'ils découvrent n'avoir pas toujours été ni debout ni alignées.

Je me demande quelle leçon ils devront en tirer. Ces pierres sont énormes et pesantes. Qui plus est, elles sont inégalement réparties, mais largement répandues à la surface du globe. Ainsi, point de hasard ni de fantaisie, mais l'irrésistible d'une nécessité assez banale et puissante pour s'être imposée en chaque circonstance tant soit peu propice. Toutes les faces, sauf une, de ces frustes piliers sont polies par le vent ou le ruissellement des eaux, par la douceur de l'usure. Mais le dernier pan présente une cassure demeurée fraîche malgré l'âge. L'intempérie n'a pas eu loisir de caresser et de convaincre cette surface brutale, qui n'est pas, comme les autres, entièrement élusive. En outre, ces blocs reposent, au fond d'une cavité, sur un lit de cailloux tassés et coincés. Ils ne portent aucune inscription. Sans messages ni millésimes, absolument muets, ils ne sont que pierres communes; il est vrai arrachées de leur gîte, transportées, érigées.

Ce furent là opérations complexes, où il n'entra pas moins de réflexion que de force. Il est aisé de calculer le travail qui fut chaque fois nécessaire, plus aventureux d'imaginer avec certitude les procédés utilisés : le contraste de la cendre brûlante et de l'eau froide pour provoquer l'éclatement du roc suivant la ligne désirée, un immense arroi de bœufs ou d'hommes attelés par centaines pour déplacer sur rouleaux les masses colossales; les rampes de terre battue construites pour les hisser insensiblement à la hauteur indispensable; puis la périlleuse, la monstrueuse délicatesse de la manœuvre finale, qui fit lentement basculer le bloc suspendu en porte à faux au-dessus du socle préparé pour le recevoir; et c'est alors que les ingénieurs entêtés durent apprendre combien retenir l'énorme est plus difficile encore que l'ébranler. Enfin, le remblai détruit publie au centre d'un pré l'inexplicable et vain prodige d'une haute pierre qui n'aurait pas été verticale sans un effort aussi épuisant, — aussi absurde.

Nulle entreprise plus extravagante que de mettre debout les pierres les plus longues et les plus lourdes. Rarement tant d'ingéniosité, tant d'énergie furent gaspillées pour un bénéfice, de toute évidence, aussi métaphorique et déraisonnable. Je soupçonne qu'à l'aberration primitive, s'est vite ajoutée quelque aveugle surenchère qui conduisit vraisemblablement les auteurs du projet dément à détacher et à dresser des fuseaux de dimensions toujours plus fastueuses, c'est-à-dire consommant plus d'audace et de sueur. Le besoin de faire mieux qu'autrui ou que soi-même, le goût de la prouesse a de profondes racines et il est indépendant de son objet. Au crédit de la folle émulation, il convient sans doute de porter, qui en furent les conséquences, l'invention et l'essai de nouvelles techniques, une économie plus efficace du labeur, l'urgence de recourir à des stratagèmes inédits, tous progrès dont la récompense, cette fois, était rien moins qu'imaginaire. Sans compter l'acquis essentiel : l'âcre violence humaine fortifiée en ses vastes prétentions.

Les dieux, les forces surnaturelles, les chefs disparus à qui durent être dédiées ces stèles nues qui dédaignaient d'en perpétuer les noms ou les simulacres, sont en effet effacés du souvenir même, comme sont aujourd'hui presque inconcevables les croyances qui conseillèrent d'édifier des monuments aussi taciturnes. L'intermédiaire théologique rendu à son néant, les voici, de leur côté, restitués à leur véritable essence d'hommage au zèle dérisoire et à l'exploit inutile.

Les signes abondent au contraire sous les allées couvertes et les tables géantes, à l'intérieur des massives sépultures de même âge et de même style. Ils y sont peu clairs et cachés. Il faut beaucoup de lumière pour les distinguer et plus encore d'imagination pour les interpréter. La plupart du temps, leur sens échappe ou demeure incertain, telles les courbes concentriques, les méandres parallèles qui, à Gavrinis, paraissent dans leur puissant relief la formidable empreinte laissée à l'aurore des temps, sur la roche en train de refroidir, par le pouce d'un démiurge distrait.

Sur les pierres debout, nul symbole, même rudimentaire, n'est en général gravé, comme si elles étaient non seulement d'avant l'écriture, mais d'avant le dessin, ou comme si les ouvriers qui les ont érigées avaient choisi de n'y rien figurer. Signes eux-mêmes, ces blocs semblent exempts d'en porter. Je songe qu'ils n'avaient peut-être mission que de rappeler et d'illustrer le paradoxe d'un quadrupède vertical. Ils exaltent l'idée et le vouloir d'une espèce encore ivre de s'être dressée et d'avoir à ce prix — moins d'équilibre dans la station, moins de rapidité dans la course — libéré pour des tâches encore insoupçonnables ce qui déjà était devenu des bras et des mains. La première entreprise fut alors de mettre debout elles aussi, en gloire et pour mémoire, d'éternelles bornes silencieuses, sans symboles ni devises, mais qui ne prenaient pas moins possession de la planète, comme marque d'éleveur sur la robe des animaux de ferme.

Les siècles ont passé. Les descendants lointains des constructeurs démunis disposent d'un pouvoir quasi illimité. Ils peuvent lire dans ces pierres, rien que pierres mises à l'aplomb du sol et que leur science déconcertée désigne d'un terme grec, le premier témoignage d'une ambition obscure, la leur, aussi démesurée, aussi mal dégrossie et aussi solitaire qu'elles. Et ils admirent que des stèles difformes inaugurent l'histoire entière de leur espèce.

V. TESTAMENT

Soleils inscrits

I

Vers l'année 1100, le gouverneur de la province de Wou-Wei était Mi Fou, appelé aussi Mi Nan-Kong, grand amateur de peinture et de calligraphie, critique d'art, peintre et calligraphe lui-même. Comme beaucoup de lettrés de son temps, il aimait et admirait les pierres étranges. Un jour, il se revêtit de sa robe de cérémonie pour saluer une roche dressée dans sa résidence. Il s'inclina devant elle et l'appela « Frère aîné ». L'extravagance pouvait passer pour sacrilège. On la commenta beaucoup et elle parvint aux oreilles d'un censeur impérial, qui fit rapport sur elle. Les *Annales des Song* conservent l'anecdote. Selon d'autres textes, l'administrateur excentrique fut destitué.

Ma pusillanimité m'aurait sans doute empêché de me livrer à cette manifestation quelque peu provocatrice, mais je ressens pour les pierres la même révérence que le lointain Chinois.

Mi Fou ne s'en tint pas là. Il représenta la scène dans un tableau, perpétuant par bravade son geste inconsidéré. Trois siècles plus tard, le peintre Ni Tsan commenta cette peinture en remarquant : « On voit qu'il n'obtint pas sans raison son surnom de *Tête-à-l'envers*. »

Mi Fou était agité et agressif, intolérant et téméraire, dédaigneux des chemins tracés, porté à l'énigme, à la contradiction, au défi. Il lui arrivait de s'accoutrer de telle sorte que les badauds s'attroupaient dans la rue autour de lui et le huaient. Parfois prudent par nécessité, il ne savait pas en général résister à ses impulsions.

Le *Mi Nan-Kong T'an-che* raconte comment, en une autre occasion, son goût des pierres rares le conduisit à cesser peu à peu de s'acquitter des devoirs de sa charge. Il était alors gouverneur de Lien-chouei, non loin de Ling-pi, endroit célèbre par les pierres qu'on y trouvait et qui, convenablement taillées et polies, avaient des vertus musicales. Mi Fou les collectionnait, les contemplait, les caressait tout le jour, leur donnait les noms qui convenaient à leur beauté et délaissait complètement l'administration de la province. Le censeur Yang Ts'eu-Kong s'en émut et vint l'admonester officiellement. L'entretien est rapporté en ces termes : « *Le Prince vous a confié la charge d'une commanderie de mille li. Se peut-il que vous jouiez tout le jour avec des pierres, sans examiner le moins du monde les affaires de la commanderie?* » Mi se plaça juste devant l'enquêteur et prit une pierre dans sa manche gauche. Cette pierre

86

était percée à jour de profondes crevasses ; cimes et cavernes s'y trouvaient au complet ; la couleur était d'une extrême beauté. Mi la fit tourner en tous sens pour la montrer à Yang et dit : « *Une pierre comme celle-ci, peut-on ne pas l'aimer?* » Yang n'eut pas un regard pour l'objet. Alors Mi fit rentrer la pierre dans sa manche et en sortit une autre. Celle-là présentait des alignements étagés de cimes escarpées, des plus extraordinaires. De nouveau, Mi la fit rentrer dans sa manche et, en dernier lieu, sortit une pierre toute céleste par son dessin, toute divine par sa ciselure. Il regarda Yang et dit : « *Une pierre comme celle-ci, peut-on ne pas l'aimer?* » Yang dit tout à coup : « *Vous n'êtes pas seul, monsieur, à l'aimer ; moi aussi, je l'aime !* » Puis il arracha la pierre des mains de Mi Fou, monta en voiture et s'en alla. Ainsi dépouillé de la plus belle pièce de sa collection, Mi, tout déconcerté, chercha vainement pendant plusieurs mois à se faire rendre son bien. Il écrivit à maintes reprises pour demander qu'on le lui renvoyât, mais jamais il ne le récupéra.

Je n'ai pas ni n'aurai jamais charge de province. A rêver sur les pierres de la même façon que Mi Fou, je perds un temps moins précieux, mais tout aussi irréversible. Je comprends ses arguments, auxquels il imagina sans doute qu'il était difficile de résister. Je pense à la sévérité, à l'indifférence peut-être feintes du censeur Yang. Je me persuade qu'à la fin il ne voulut pas donner une leçon au gouverneur négligent en lui dérobant la pierre qu'il aimait le plus, mais qu'il fut gagné de la même passion et qu'il succomba à la tentation de s'emparer de la merveille. Je partage le désespoir de Mi Fou. Je sens qu'il a subi une perte irréparable et je devine qu'il n'aura pu s'en consoler. Par-delà les siècles et les méridiens, malgré les oppositions de caractères et de destins, j'éprouve pour lui une complicité singulière que je n'ai avec personne d'autre.

Comme lui, je recherche les pierres d'exception. Je ne leur donne pas de beaux noms, mais il m'arrive de tenter de les décrire. Je préfère leurs dessins aux peintures des peintres, leurs formes aux sculptures des sculpteurs, tant elles me paraissent les œuvres d'un artiste moins méritant, mais plus infaillible qu'eux. Dans leurs symétries et leurs courbes capricieuses, mes rêveries découvrent les archétypes cohérents, d'où dérivent non pas la beauté — que chacun apprécie selon la situation où l'histoire l'a placé — mais les normes permanentes et l'idée même de beauté, je veux dire, l'inexplicable et inutile ajout à la complication du monde, qui fait partager en outre les choses entre belles et laides.

Mi Fou fut d'abord calligraphe. Il adopta la cursive dite *d'herbe*, technique dangereuse, hasardée, toute de brusquerie et d'inspiration. On affirme que cette écriture à la cadence rapide est « de la nature du vent » et qu'on la trace mieux en état d'ivresse. Mi Fou utilisait l'encre rompue, l'encre brûlée, l'encre accumulée. Le pinceau ne lui suffisait pas. Il lui arrivait de peindre avec des tortillons de papier, des débris de canne à sucre, des calices de lotus. Il peignait des paysages. Il les peignit de moins en moins nets, de plus en plus dilués et comme bus par l'atmosphère. « Sa peinture avait la saveur des nuées », écrira plus tard Fou Pao-che, cité et approuvé par Chan Hao à la fin des Ming.

Ses œuvres ont presque toutes disparu. On dit qu'il peignit des tableaux qui ne représentaient rien ou qui paraissaient ne rien représenter. On lui attribue (certains lui reprochent) la technique de l'encre projetée. Il éclaboussait d'encre un papier de riz. Six mois après, il affirmait que les taches étaient un tableau. Je suppose qu'à la fin de sa vie, il ne peignit presque plus de paysages. D'un poignet exercé et toujours souple, il jetait l'encre et faisait des taches, imaginant qu'il s'éclipsait et qu'il laissait passer la nature à travers lui. Peut-être ne se donnait-il plus six mois pour choisir les plus dignes parmi les surfaces maculées, éveillées, promues à psalmodier une mono-tone consigne interchangeable. Choisir était encore de trop. D'ailleurs, qui était-il pour choisir? Il pour-suivait les harmonies élémentaires, fondamentales. Un jour, il dut s'apercevoir qu'il les avait depuis longtemps sous les yeux; que, dans les dessins et les couleurs de ses pierres, il tenait des taches plus naturelles encore que les siennes; et immémoriales, incontestables. Alors, bien que les textes ne le disent pas, je présume qu'il cessa de peindre, car il ne voulait pas retourner à dessiner et à colorier des paysages, des portraits, des natures mortes. D'autres, à sa place, se seraient (se sont) suicidés. D'autres seraient (ou sont) devenus, par dérision, des saltimbanques d'une espèce inédite. Il existe sans doute des pentes qu'on remonte malaisément.

Il est probable que j'ai, plus encore que je ne crois, transformé, infléchi, ne fût-ce que dans leur expression, les données traditionnelles de cette biographie hors pair. Tantôt je les ai puisées dans de savantes études, tantôt je les ai recueillies par ouï-dire, et c'était comme si me parvenait à nouveau une très ancienne rumeur déjà entendue, quasi familière. Sans doute ai-je perpétré un détestable mélange d'histoire et de fantaisie. Mais ces prévarications, il me semble, n'ont pas une importance décisive. L'essentiel est la logique inévitable des choses. Si la démarche que je décris ne fut pas celle de Mi Fou, elle fut, ailleurs et en un autre temps, celle d'autres peintres. N'eût-elle été celle d'aucun artiste, qu'elle resterait une démarche possible, sans cesse imminente, dont il convient de tenir compte presque autant que si, effectivement, elle avait eu lieu.

Pour moi, j'étais seul et déconcerté parmi de nombreuses tentatives de peintres contemporains, dont certaines pouvaient évoquer, à première vue du moins, les ambitions et la démission finale de Mi Fou. Un ami, connaissant mon goût des pierres, mit entre mes mains un ouvrage consacré à ce maniaque fraternel exhumé par miracle des sédiments de l'histoire et qui fut comme moi un fonctionnaire plus préoccupé de minéraux que de dossiers. J'écris ces pages pour remercier le Maître de sa connivence silencieuse et pour honorer sa mémoire.

Il me reste à signaler une dernière coïncidence. Lorsque je regarde attentivement les pierres, je m'applique parfois, non sans naïveté, à en deviner les secrets. Je me laisse glisser à concevoir comment se formèrent tant d'énigmatiques merveilles, nées de lois que très souvent elles paraissent violer, comme si elles étaient issues d'un tumulte et, pour tout dire, d'une fête que bannit désormais leur mode d'existence. Je m'efforce de les saisir en pensée à l'ardent instant de leur genèse. Il me vient alors une sorte d'excitation très particulière. Je me sens devenir un peu de la nature des pierres. En même temps, je les rapproche de la mienne grâce aux propriétés insoupçonnées qu'il m'arrive de leur attribuer au cours de spéculations tour à tour précises et lâches, où se composent la trame du songe et la chaîne du savoir. Là s'échafaudent et s'écroulent sans cesse de fragiles édifices, peut-être nécessaires. La métaphore y épaule (ou y corrompt) le syllogisme; la vision nourrit la rigueur (ou la fourvoie). Entre la fixité de la pierre et l'effervescence mentale, s'établit une sorte de courant où je trouve pour un moment, mémorable il est vrai, sagesse et réconfort. Pour un peu, j'y verrais le germe possible d'une espèce inédite et paradoxale de mystique. Comme les autres, elle conduirait l'âme au *silence d'une demi-heure*, elle l'amènerait à se dissoudre dans quelque immensité inhumaine. Mais cet abîme n'aurait rien de divin et serait même tout matière et matière seule, matière active et turbulente des laves et des fusions, des séismes, des orgasmes et des grandes ordalies tectoniques; et matière immobile de la plus longue quiétude.

Rien n'interdit que la méditation soit alors poussée jusqu'au vertige, jusqu'à l'extase. J'ignore si l'illumination qui, dit-on, affranchit des vicissitudes du sort et des avatars intimes, peut sourdre à partir de pareil support. J'ai tendance, quant à moi, à estimer que le support est indifférent. Il me semble savoir de source plus sûre que, si j'étais par aventure favorisé de ce privilège (ou trompé par ce leurre), l'unité une fois retrouvée et le détachement acquis, je me retrouverais la seconde d'après ni plus ni moins que les autres délivrés (que les autres fascinés) par les nuits obscures et les châteaux de l'âme, restitué à la condition commune, à ma place et à mon corps passager, qui lui n'est ni durable ni pierre. Il m'en resterait toutefois un souvenir, une écharde, quelque chose d'infime qui demeure. Car ce n'est pas rien que pareille bonace dans le vacarme, dans le discours sans trêve ni virgule où s'engloutissent nos jours.

Il est certain que Mi Fou connut des expériences de ce genre. Il avait échangé contre un tableau de grande valeur une pièce exceptionnelle, la pierre Yen-chang ou Encrier-Montagne qui passa ensuite entre plusieurs mains avant d'être admise dans les collections du Palais. « *C'était une particule de poussière, où se trouvait offert un monde.* » Un dessin de la pierre est conservé dans le *Tcho-keng lou*. Divers commentaires l'accompagnent, entre autres celui-ci, en bas de la page, à gauche : « *La grotte inférieure communique avec la grotte supérieure par une triple contorsion. J'y ai fait, un jour, une randonnée mystique*[1]. » L'inscription porte la date de 1102. Mi Fou mourut en 1107. L'aveu est sans doute de lui, pieusement recopié peut-être.

1. Voir ci-dessus, pp. 74-76.

Pour moi, j'ai dessein de parler d'une grotte non moins réduite, mais plus simple et dont l'extérieur serait devenu le centre, d'une grotte en quelque manière inversée, retournée comme un gant. En apparence, les géodes de silice ne sont que grosses pierres lourdes, grises et rugueuses. Elles sont creuses et tapissées de cristaux. Aussitôt derrière l'écorce grêlée, commence une autre pierre dure, translucide, au grain très fin : la calcédoine ; le plus souvent dans sa variété veinée, l'agate. Des pyramides de quartz hyalin ou d'améthyste revêtent les parois internes de la cavité et la transforment, une fois ouverte comme un fruit, en une caverne qui resplendit.

Parfois, les aiguilles groupées en faisceaux allongés se relaient comme les fuseaux de la pulpe des oranges ou comme les fibrilles des muscles striés, si bien qu'elles atteignent de toutes parts au centre. La poche entière est occupée par leurs gerbes étincelantes. Au contraire, dans d'autres échantillons plus rares, l'espèce opaque forme le noyau. Alentour, s'élance le quartz en corolle de lumière vitrifiée. Comme les autres, les calcédoines cernées d'une telle gloire se laissent couper en tranches et polir. Les couches successives qui les constituent affleurent alors en méandres parallèles sur le miroir tour à tour sombre et clair.

Je conçois sans peine comment, à l'intérieur des géodes, la silice s'est lentement déposée en agate, puis en quartz, laissant au centre un espace inhabité ou quelquefois un liquide prisonnier depuis des millénaires. Mais je suis dérouté par ces cristaux extravertis, d'où venus? et qui investissent de partout des formes tourmentées.

Je me doute bien que l'explication doit être la même dans les deux cas, mais ici le résultat surprend davantage. Je ne pense pas qu'il s'agisse d'une simple question de fréquence. Certes, il est infiniment plus rare que les cristaux de quartz enveloppent l'agate au lieu d'être enveloppés par elle. Mais l'anomalie semble en outre dénoncer, sanctionner une sorte d'attentat contre l'ordre naturel, une violence dont l'ignorant lui-même paraît averti par je ne sais quel instinct. Il s'étonne de la disposition inattendue et soupçonne que se dissimule ici quelque prodige qu'il ne parvient pas à identifier ni même à définir.

Sur une plaque épaisse, d'une substance à la fois meurtrie et somptueuse, éclatée et éclatante, s'arrondissent d'énormes gouttes de nuit. Elles s'étalent au centre de la plage scintillante où mordent leurs ténèbres. Elles furent trois à l'origine. Mais deux d'entre elles se sont rejointes dans leur croissance. Elles ont commencé à se fondre. Elles dessinent une sorte d'ellipse obscure, légèrement étranglée vers le tiers de sa hauteur. Un étroit rivage bleuté les sertit sans bavure et les sépare d'un ruban plus large qui répète leur couleur brune. Il est bordé à son tour par un second anneau pâle qui ressuscite cette fois le bleu indécis du premier. Très mince, il n'a guère plus d'épaisseur que celle d'un contour un peu appuyé. Ainsi modulés, le brun et le bleu se succèdent, s'exténuent et bientôt ont perdu le don de resurgir. Alors, apparaît le quartz sans couleur et qui semble triomphant de n'en avoir pas.

Les trois disques sont situés sur le même axe : on les jurerait superposés. A l'imagination toujours sollicitée de lire ou de projeter des formes dans chaque dessin de hasard, la plus haute des taches, celle qui est restée isolée, peut passer pour la tête, et les deux autres, qui sont soudées, pour le torse et l'abdomen d'une sorte de larve monstrueuse. Je me livre au démon de l'analogie. Par jeu, je m'épouvante d'un fœtus fabuleux plus proche de l'amibe que de l'animal constitué. Il est composé d'une gelée peu différenciée, à laquelle le sac qui la maintient donne un début d'apparence. La continuité de l'effigie est assurée par un îlot de cristal écrasé entre la tache supérieure et l'autre, dont il réussit pourtant à repousser vers le haut et vers le bas le premier des filets bleuâtres et même la large bande de miel foncé. De cette manière, il apparaît comme un losange curviligne, une sorte d'as de carreau naturel, début de cartilage ou de corne qui s'épaissit dans la glu égale, prémonition vague de ce qui pourra devenir un jour une vertèbre et qui déjà fait office de joint ou de soufflet entre les deux parties de l'être conjectural.

Adossée à l'auréole extérieure du simulacre incertain, évoquant une frange de récifs ou d'écume solide, une démonstration d'aiguilles lumineuses marque le glacis du nouvel empire où la silice devient quartz. La barrière continue des pointes serrées se trouve soulignée en ses moindres accidents par une ligne tremblée, grêle et flottante comme faufil de couturière, cristalline par la substance, mais conservant des noyaux d'agate leur teinte chaude et grasse de café torréfié.

La fine dentelure trace la frontière d'un champ de forces qui vient expirer là. Elle rappelle l'ourlet de nacre et de varech, de coquilles broyées et d'algues errantes qui trahit le long des plages l'avancée la plus profonde de la marée, là où s'envolent au moindre souffle et s'éparpillent avant de se dissiper, des essaims évasifs de flocons irisés. En deçà, c'est le sable et le rivage que d'ordinaire la vague n'atteint pas. Au-delà, c'est le domaine de la mer et, ici, c'est aussitôt l'éclat du cristal, une broussaille diaphane de prismes désordonnés, où émerge l'archipel des taches sombres avec leurs cernes successifs, envahissants comme alluvions de delta. Car il est d'autres foyers épars dans la pierre. A droite et plus fraîche, dirait-on, une prunelle bleu timide, couleur de fleurs de lin, atoll à peine protégé, ouvre son amande écarquillée presque directement sur le même lit de cristal frémissant. Elle appartient si bien à la même espèce que les mares obscures qu'elle est, elle aussi, investie à distance par la même ligne en dents de scie, transparente et brune, déjà instruite à épouser, à accuser chaque brève saillie de la ceinture des brisants.

Une frise identique circonscrit chaque foyer. Elles se rejoignent et se composent quand les taches, s'accroissant, se rapprochent. Le groupe entier des îles se retrouve vite dans une même enceinte, comme il est arrivé pour la tache isolée et les taches jumelles qui occupent le centre de la plaque. Au revers de celle-ci, tout est transformé. Le chétif lagon d'azur a disparu. Pour qu'il perde sa teinte de ciel, il a suffi qu'elle chemine l'épaisseur de la main au travers d'une sévère substance. Désormais, deux anneaux pâles enferment et rythment ses ténèbres récentes. Rien ne le distingue plus des taches larges et sombres qui, de l'autre côté, contrastaient avec sa douceur de pastel. Celles-ci n'ont pas été moins altérées au cours du même infime voyage immobile. Elles ont conservé leur avance et il ne leur a pas fallu un plus grand intervalle pour qu'elles commencent à se diluer.

Embuées, étalées, répandues hors de leur enveloppe, arc-en-ciel de l'ombre en train de se dissoudre, elles perdent déjà leur rigueur, happées par on ne sait quel brouillard qui les restitue lentement à l'indistinction originelle. Mystérieuse métamorphose de l'immuable par excellence : quel sursaut enterré au fond de la géologie, quel spasme glacé, quelle crampe inexorable eut soudain le pouvoir plus pétrifiant mille fois que celui de la Gorgone des fables de stupéfier jusqu'à l'enfance de la pierre et ses remue-ménage ?

Le chapelet des astres éteints et les excroissances plus claires qui maintenant les déforment, figurent une sorte de continent bosselé. Il continue d'être entouré par une dentelle de courtes flèches de cristal qui embrasse un plus grand espace et qui est toujours bordée du même frisson obscur. Il a conservé sa couleur, sa minceur, sa netteté. Il semble présage et avant-poste, limite revendiquée, gage et jalon de la prochaine étape d'une avance en principe inévitable et cependant arrêtée. La sourde gangrène gagnait; de fourbes auscultations, à la périphérie des cancers et sans que rien n'en transparaisse encore, grevaient une zone secrètement ensemencée, apprivoisée à la sombre métamorphose, quand brusquement, sous l'effet d'une palinodie inexplicable, tout fut fixé, durci, gelé pour le reste des temps. Un emblème éternel et vide remplaça la lente contagion et proposa son faux mystère, comme s'il était un des innombrables testaments laissés au cœur des minéraux par une troupe de démiurges ou d'enfants jamais las de tracer des signes, de communiquer de vains messages; ou de peindre.

Chacun a l'expérience de cercles qui vont s'agrandissant. Il suffit qu'il ait été témoin de la chute d'une pierre dans une pièce d'eau. Mais personne n'a vu de cercles qui, partis du fond de l'horizon, courent s'abîmer dans leur propre centre. Aussi, devant les anneaux de l'agate, l'esprit se trouve-t-il conduit à supposer d'abord une terrible incandescence, portant en des points définis toute substance à sa fusion. Puis cette foudre, ce haut accès lui paraît s'apaiser à mesure qu'il se propage. Mais peut-être le mouvement fut-il inverse? On peut imaginer que l'étincelle intime, par qui tant d'énergie fut subitement dégagée, non seulement fondit les corps les plus rebelles, mais encore les réduisit à l'état de dociles et fugitives vapeurs.

L'ardente secousse dut alors provoquer des vides puissants. Il se produisit vers ces foyers d'insupportable nullité un appel irrésistible. Une hâte absolue y précipita pour y remplir l'absence une matière fascinée, liquéfiée, évaporée. La transe dura le temps d'un éclair, puis ce fut le lent refroidissement, le retour au spongieux, au poreux, bientôt au compact, puis à l'inflexible, à l'inaltérable. Les rubans concentriques marqueraient alors dans la calcédoine des zones d'aimantation décroissante, où l'aspiration radicale était ressentie avec de moins en moins de force, cependant que le centre s'épaississait, retenant en son magma toute scorie, tout pigment, jusqu'aux sels les plus volatils. Un équilibre difficile s'établit enfin. Au-delà des méandres teintés s'étendit désormais un entrelacs de piques plus sauvages et plus enchevêtrées que chez Uccello, plus serrées et plus nobles que lances à Bréda, un minéral essoré, un roc comme distillé : le quartz pur, incolore, insipide, enfermé dans ses angles et ses arêtes.

Au cœur de la pierre, demeure le dessin splendide qu'elle proclame et qui, comme les formes des nuages, comme le profil changeant des flammes et des cascades, ne représente rien. Il ne figura jamais, comme j'ai prétendu tout à l'heure, larve ni lémure, qui au vrai n'ont d'apparence que celle que leur prête l'imagination de l'homme; et il arrive qu'elle les fabrique à partir justement de ces dons du hasard. Il n'y eut jamais d'image, jamais de signe, mais l'imprévisible résultat d'un jeu de pressions inexpiables et de températures telles que la notion même de chaleur n'a plus de sens. En même temps, ces armoiries sont norme et canon de la beauté profonde, celle que, sur le rivage opposé, les rares réussites du génie s'efforcent d'enrichir ou de retrouver. Elles procurent en outre, prise sur le vif et à tel instant de son progrès, une coupe irrécusable faite dans le tissu de l'univers. Comme l'empreinte fossile, ce sceau, cette trace n'est pas effigie seulement, mais la chose elle-même par miracle stabilisée, qui témoigne de soi et des lois cachées de la lancée commune où la nature entière est entraînée.

De mes fragiles hypothèses, je ne retiens aucune. Je sais qu'elles relèvent toutes de la même songerie, informée sans doute, mais aventureuse et quasi visionnaire. Il reste pourtant une donnée qui ne souffre guère contestation. Un minuscule cataclysme a suscité au sein du même corps un partage décisif. D'une part, une masse homogène qui ne connaît la structure ni le nombre, qui s'étend partout identique à elle-même, sans plans privilégiés ni clivages faciles; de l'autre, l'ordre et le réseau, l'angle imperturbable et la droite infaillible, les symétries rythmées comme merveilles de prosodie, les harmonieux polyèdres réguliers, dont un Grec savait déjà qu'ils n'étaient, ne pouvaient être et ne seraient éternellement que cinq, la naissance et aussitôt la perfection de la géométrie.

Amorphe, la matière n'obéit qu'aux lois physiques élémentaires. La seule pesanteur étage les couches parallèles. Il suffit d'un tourbillon pour ébaucher une sphère, la forme simple et inévitable que prennent les astres dans leur course, les gouttes de rosée et la

silice fondue au cœur du cristal. L'espèce indifféren-
ciée n'est jamais que liquide refroidi, qui fut boueux
et complaisant, acceptant toute forme dictée par les
obstacles visibles ou les invites, les pentes qu'on ne
voit pas. De l'univers cristallisé, la courbe est bannie,
comme toute souplesse et tout caprice. Dans chaque
cas, un ordre unique, l'aiguille et la pyramide singu-
lières dont un antique calcul, œuvre de personne et
qui tient à la seule architecture du monde, a décidé
la formule obligatoire. Pour récompense d'un tel
despotisme : l'éclat, apanage des surfaces lisses et
pures.

Certes la dichotomie originelle qui, dans une même
espèce chimique, sépara le quartz et l'agate, exclut
la conscience et le choix. Le divorce est né d'une
différence de traitements extérieurs, circonstanciels.
Le mystère de l'inutile duplication qui en résulte
n'en demeure pas moins. L'esprit rêve aux corps qui
cristallisent selon plusieurs systèmes. Il se prend à
s'interroger sur cette irruption du nombre venant
ordonner l'inerte. De très sévères épreuves y ont
donné pouvoir à un principe régulateur. Elles l'ont
inventé avant la vie et avant l'instinct, comme une
autre solution ou une autre nécessité. Il est méca-
nique, rigide, capable de construire sans être capable
de dessein, prématurément intelligible dans un uni-
vers où rien n'est encore intelligent. Mais un pas
décisif est franchi. Avec les rhombes et les prismes,
quelque chose sorti du chaos enfin se répète et se
reflète. La nature cesse d'être la fruste qu'elle était
d'abord. A l'autre extrémité du labyrinthe infini,
s'ouvrent les risques et les prouesses de la conscience

et du doute. Le peintre qui hésite à placer la touche juste, le poète, le légiste ou le théologien qui trouvent le mot exact pour le vers, le verdict ou le dogme, la greffe du jardinier, la conjecture du physicien sont autant de bifurcations subsidiaires qui monnaient et éparpillent le premier dilemme, où la chance du cristal fut dévolue au minéral gourd.

Elles relaient peut-être quelque autre embranchement, plus proche encore de l'origine, mais où je n'ai pas su remonter. Dans l'autre sens, le cheminement est plus clair. Par mille couloirs ramifiés, naissent l'étamine et la spore, la roue et le levier, la nageoire et l'aile, l'antenne et la main. Ce fut un grand nombre de carrefours, dont chacun conduisait à un autre, sans horizon ni répit. Sur l'écran bleu du ciel, aux seules Iles Canaries que la crédulité affirme les cimes de l'Atlantide immergée, l'énorme dragonnier bifide déploie par fourches successives et identiques comme angles de cristal sa frondaison immense.

Le monde est un arbre pareil. Une sève unique y circule du tronc massif au pâle surgeon. La brindille morte en demeure elle-même innervée. La même trame gouverne souterrainement la nature entière. Personne ne sait la place qu'il y occupe. Dans cet univers de miroirs et de dédoublements, certains, un peu mieux situés, ont licence de reconnaître que les aiguilles du quartz, les carapaces au fond de l'Océan des microscopiques radiolaires et l'incertain Pythagore ont construit une même géométrie dans une totale ignorance mutuelle. Mais c'est tout. Moi aussi, quand j'écris ces pages, assemblant mes mots avec peine et liberté, j'accomplis, mais autrement, la même tâche, qui n'était pas encore tâche ni rien de tel, et qui pourtant fut celle des pierres que j'ai tenté de décrire.

Si la nature, au terme de combien d'erreurs et de tâtons, a produit enfin des êtres lucides et responsables, comment ne pas comprendre qu'elle est tout insinuée en eux; qu'elle les hante, les occupe et les emplit; que s'ils croient différer d'elle, c'est en vain et par présomption; qu'ils ne sauraient lui être plus fidèles qu'en usant à plein des privilèges qu'elle a ménagés à leur espèce au prix d'une patience opiniâtre et d'heureux placements; qu'elle pousse maintenant ses palpes à travers eux, par eux et leurs plus subtiles intuitions; et que les raisonnements de leur intelligence ne sont rien que les derniers pseudopodes, toujours myopes, inventés par la gigantesque amibe insatiable et populeuse.

Laisser passer en soi la nature, ce n'est pas pour l'homme tenter ou feindre de retourner au nerf ou à l'inerte, ni essayer de se démettre des pouvoirs qui lui sont échus. C'est, au contraire, les approfondir, les exalter et les contraindre à de nouveaux devoirs. J'ai conjecturé jusque dans le morne intérieur des pierres l'analogue de cette passion. J'ai suivi ou prévu ou déduit le fantasque Mi Fou, ses respects et ses ferveurs. Mais je ne partagerais pas ses abdications, s'il avait renoncé, homme, à faire moins que ne firent au début les pierres, lorsqu'elles inventèrent au premier carrefour le cristal.

J'écris *inventer, carrefour ;* tout à l'heure, j'écrivais *lâche, passion, patience* et l'humble verbe *faire*. Je m'exprime avec le lexique de ma condition : je n'en connais ni n'en connaîtrai pas d'autres. Les pierres n'ont pas de lexique. Mais ce n'est là, dans ma conviction, que différence locale et comme dit jadis un autre Grec « changer d'éclat par la surface ». Le langage aussi et le banal dictionnaire qui, péniblement, en chaque idiome rassemble les désignations de toutes choses connues, me reprocheraient le moindre reniement.

Je ne me confierai pas au hasard, à l'accident, puisque la variété à laquelle j'appartiens dans l'immense taxinomie a reçu la grâce de n'en être pas esclave tout à fait. Si j'étais peintre, je ne clifferais pas d'encre le papier de riz, ni de couleurs la toile. Écrivain, comme je n'ai pas honte d'être, je ne retire pas aux mots leur sens, à la phrase sa grammaire, au discours sa cohérence. En témoignage de quoi, et comme d'autres Chinois qui signèrent plus tard des plaques de marbre qu'ils n'avaient pas peintes, à mon tour, aujourd'hui, faillible et outrecuidant comme sont aussi les hommes, coupable et juge de mon texte, et puisque c'est en outre l'usage en ce canton exigu de la nature, j'ajoute à mes confidences balbutiées et y compromets risiblement mon nom éphémère.

NOTES

Des pierres de la Chine.

Ces quelques données relatives aux pierres fabu-
leuses de la Chine et du Japon sont tirées de la traduc-
tion de F. de Mély, Paris, 1896, du *Pen ts'ao kang
mou*. Ce traité fut compilé par Li Che-tchen vers le
milieu du XVIe siècle sur l'ordre de l'Empereur Kia-
tsing, à partir de plus de huit cents ouvrages d'his-
toire naturelle. Je n'ai pas essayé comme F. de Mély
d'identifier les minéraux dont il était question à ceux
qu'énumère la nomenclature contemporaine. Je ne
cherche pas à reconnaître des espèces, mais à rendre
perceptible le ressort d'une fascination. Dans cette
vision un peu hallucinée qui anime l'inerte et dépasse
le perçu, il m'a parfois semblé saisir sur le vif une
des naissances possibles de la poésie.

Des pierres de l'Antiquité classique.

Mes sources sont essentiellement les suivantes :
Pline, *Histoire naturelle*, livre XXXVI; Théophraste,
Traité des Pierres; Strabon, *Géographie;* Ps. Plu-
tarque, *Traité des Fleuves;* *Cyranides;* *Lithica*
orphiques. Comme pour les pierres de la Chine, je
me suis défendu de rien inventer.

Physique.

Recherches sur les origines de la beauté des pierres. L'argument énumère trois sources différentes : les forces d'usure, les forces de rupture, la naissance de l'ordre. Les descriptions qui suivent, pour la plupart, en apportent des exemples. Les agates permettent de poser le problème du cercle et des formations orbiculaires; les cristaux, celui de l'angle et des formations polygonales. Hors série, enfin, la présence émouvante d'un liquide dans la calcédoine ou le quartz.

Une idée de l'immortalité.

D'après Rolf Stein, « Jardins en miniatures en Extrême-Orient », in *Bulletin de l'École Française d'Extrême-Orient*, t. XLII, Hanoï, 1942; Edward H. Schafer, *Tu Wan's stone Catalogue of Cloudy Forest*, Berkeley and Los Angeles, 1961, et Nicole Vandier-Nicolas, *Art et Sagesse en Chine, Mi Fou* (1051-1107), Paris, 1963. Là, j'ai puisé pour l'essentiel noms, dates et citations, tout ce qui est véridique ou traditionnel. Je dois revendiquer la responsabilité du reste, c'est-à-dire la disposition, le commentaire, en un mot le contestable, les aperçus, les raccourcis, l'idée générale. Je crains d'avoir eu recours, sans en avoir le droit, à quelque équivalent littéraire de la *cursive d'herbe.*

L'Écriture des pierres

(fragments)

Septaria

Pour le style, les motifs sont dépouillés ou redondants, schématiques ou inextricables, symétriques ou désordonnés, formés de lignes minces ou de taches étalées, monochromes ou multipliant sur une même pierre les nuances du bistre, de l'ocre, du blanc laiteux et, dans les parties métallisées, de l'acier bruni. Parfois, les fissures deviennent cloisons qui dépassent la croûte du nodule. Elles s'y hérissent en un relief de crêtes aiguës qui prolonge à l'extérieur la structure du dessin caché.

La plus petite, la plus sommaire des *septaria* que j'ai eues entre les mains présente au centre d'une pastille de la dimension d'un cachet d'aspirine une minuscule étoile à quatre branches. Elle évoque la corolle de certaines crucifères naines de montagnes d'un bleu intense et aux pétales effilés, presque filiformes. Ici, l'extrémité des pétales est noire, bordée du même lait qui colore le cœur de la fleur. Ce sont déjà rayons qui fuient et s'exténuent, ébauchant la plus simple des figures. Bientôt, celles-ci se compliquent. Les fourches se terminent en crochets ou en cisailles. Les branches sont reliées par des haubans presque imperceptibles. Des débuts de réseaux ou de gréements s'organisent et se ramifient sur de plus vastes étendues. Les plus légers sont aussi fins que les défauts appelés cheveux qui, à peine visibles, disqualifient cependant les porcelaines précieuses. Leur tracé est tantôt plus clair, tantôt plus foncé que la pierre où il est inscrit. Plus rarement, il est couleur de rouille.

Il arrive que les lignes s'élargissent et s'ouvrent en ravines tapissées de menus cristaux. Elles dessinent des figures qui éclatent, des proliférations de cellules polygonales, des développements de dodécaèdres sur un plan, des nervures irrégulières qui s'étendent en tous sens et qui s'interrompent, brusquement atrophiées, des leviers de balances romaines avec, à leur extrémité, une charge volumineuse et pourtant si légère qu'elle n'incline pas le fléau ; des toiles tissées dans le vide, qui n'aboutissent à aucune aspérité et où aucune araignée n'est à l'affût ; des coupes transversales de murex, spirale au centre et toute épine dehors ; des projections d'anémones de mer avec leurs tentacules ondulants ; des filaments de méduses qui s'achèvent en mèches de fouet. Entre les flammes d'un astre incandescent, resurgissent dans la nuit de la pierre des épis lumineux, barbelés, des semences flottantes échappées du charbon central, fixées à l'instant de leur envol et qui font comme une gloire au capitule originel.

Il s'agit toujours dans ces premières espèces d'une géométrie à la fois capricieuse et harmonique, qui conjugue en se jouant rigueur et désinvolture. La composition semble avoir pour foyer le centre du nodule, s'en éloigner en tumulte, s'évanouir

110

enfin et disparaître avant d'avoir atteint la périphérie du boulet. Mais elle a procédé à un partage inégal de l'espace, qui obéit à un rythme aisément perceptible. Les lignes souples et vivantes impriment dans le silex incoercible l'idée, la formule d'un mouvement plus complexe et plus libre que celui des ondes qui, à la surface d'un fluide, s'éloignent du point où celui-ci fut ému. Ici, ce sont des craquelures aux angles vifs qui se propagent dans un milieu coagulé et qu'amortit vite la fermeté du minéral.

Dans certains échantillons de taille exceptionnelle, l'irradiation des fissures semble s'être effectuée autour de deux centres affrontés. Les filets à larges mailles s'approchent sans se chevaucher, s'explorent sans se nouer, se frôlent comme antennes, comme palpes en tâtons voluptueux ou inquiets. Tout se passe comme si ces étendues cloisonnées réparties en alvéoles clos ou qui cherchent, au contraire, à ne pas se clore, étaient en réalité des organismes sensibles qui se renseignent l'un sur l'autre par de craintifs attouchements. Ils ne sont encore que diagrammes, plus près de l'épure que de la vie, mais un obscur frémissement anime leur gelée polarisée. On dirait qu'avant de se combattre ou de s'accoupler, ces amibes en train de proliférer, mais fragiles, peut-être solubles, éprouvent le besoin de se reconnaître tout en appréhendant les périls d'un premier contact, peut-être corrosif.

Jusqu'ici, le dessin reste à l'état d'étoile, de rosace, de lignes et de courbes articulées en structures semi-régulières qui se développent selon une raison secrète, mais qu'il est sans doute possible de calculer. D'autres nodules sont affranchis de toute cadence. Aucune

111

arithmétique ne s'y laisse plus deviner. Maintenant, de larges taches s'évasent en plages scintillantes ou lustrées : profils d'alevins ou de têtards, de salamandres, de cornues d'alchimistes au bec démesuré, d'algues dont les rubans sont soudain distendus par d'énormes vessies quasi rectangulaires ou par des profils de bombes volcaniques que terminent des torsades et où halète un souffle d'éruption. Elles affectent des formes tantôt de dragons tels qu'on en voit déployés sur les soies d'Asie, tantôt de spectres acrobates faisant des entrechats ou s'essayant au grand écart. Des prêtresses dans des fourreaux d'étincelles, amples et fermés sur le mystère de leur corps, procèdent à de lentes cérémonies, participent à des processions immobiles.

Des infiltrations en partie métallisées évoquent des chasseurs sous-marins, casqués et harnachés, brandissant leurs proies encore fichées sur le harpon de pêche, des larves à la dérive, des démons funambules aux yeux pédonculés : tout un sabbat glacé de lémures, de harpies, de vibrions. D'étroits fuseaux dressés sur leur pointe, parfois distants, parfois accolés au plus renflé de leur ventre, sont bifurqués au sommet comme oiseaux bicéphales sur bannière d'Empire. D'autres s'écartent à mi-hauteur comme des mandragores exhibant leur sexe. Tous semblent soudés et extensibles, tels les éléments d'un soufflet d'accordéon. On les imagine sur le point de se dilater, comme s'ils étaient peints sur une substance élastique qu'on étirerait brusquement. Des cordons relient et nourrissent ces sacs allongés, que gonfle une sève granuleuse.

Des obstacles, des remous ont souvent déchiqueté

les crevasses de calcite. Elles ont été contraintes de rebrousser chemin à l'improviste. Des crocs, des cornes, des flammèches, des faucilles les complètent ou les estropient, les écorchent ou les prolongent. Par miracle, les effigies torturées demeurent d'une parfaite élégance. Ces supplices raffinés donnent des scènes de carrousel, de tauromachies, de cortèges, des panathénées élémentaires de chromosomes, d'infusoires, de scolopendres.

Plusieurs des simulacres rappellent, le hasard ou la fantaisie aidant, des silhouettes plus familières, plus précises. Elles attendent moins de l'imagination. Elles font écho aux images de la mémoire, elles en procurent des calques subits. Ici, un taureau irrécusable, le mufle tourné pour guetter l'attaque de l'ennemi, sexe turgescent, cornes agressives et orbites évidées, puits noirs et jumeaux annonçant le bucrane sous le masque de la bête vive. Là, un poisson-chat, les moustaches en alerte, la nageoire dorsale large comme un couperet, est si bien ramassé dans sa tête boursouflée qu'il paraît n'avoir pour corps qu'un appendice misérable. En guise de queue, il fait ondoyer deux oriflammes divergents, dont l'un, de la façon la plus absurde et comme dans une image de rêve, se métamorphose en une sorte d'oiseau que prolonge à son tour une trompe démesurée de sphinx, de macroglosse.

Souviens-toi : ces animaux, ces spectres, ces personnages dégingandés ou hiératiques n'ont rien que de conjectural. C'est ton imagination qui les affirme.

Agates

1.

L'image, souvent, est presque abstraite. Elle
tient ses meilleurs pouvoirs d'une géométrie élé-
mentaire : celle du cercle. Mais l'agate propose,
il est vrai par plus rare caprice, des simulacres
indicatifs : un oiseau-mouche à la queue d'améthyste
tète une fleur en son vol immobile; des pistes débou-
chent sur le désert entre les parois verticales d'un
défilé de montagne; des éclairs zèbrent les remous
d'un ciel houleux, comme paraphes de calife ou
fouets de tortionnaire; des vagues, des écailles ou
des tuiles vertes, s'imbriquent comme sur la robe
des serpents, sur le toit des halles et des hospices de
Bourgogne ou sur le dos de l'océan; ou encore comme
une mer de nuages dans une estampe japonaise :
tant d'arches se chevauchant en partie et qui pré-
sagent un moutonnement infini, un tremblement
de feuilles de tremble, une sérénité qui s'épand et se
reprend, qui respire.

2. L'OISEAU

Le dessin d'une autre agate est d'une parfaite simplicité : une seule tache laiteuse sur fond de suie, aux courbes pleines, mais qui, soudain, vers le haut et à gauche, se terminent en pointe, en bec. On dirait un oisillon qui sort de l'œuf, encore engoncé dans la coquille, les ailes collées au corps et dont la jeune tête avide, aveugle, se dresse dans un nouveau milieu. L'être en train de se libérer découvre l'aisance, la transparence, l'invite à l'envol. Une frange grise, d'une délicatesse merveilleuse, qu'il eût fallu un peintre de génie pour inventer, ombre ce corps à l'endroit où il sort de sa geôle. Il se hausse à la clarté et devine qu'il pourra s'y déployer. Effigie immuable dans la pierre compacte, éclosion vaine, mais fixée dans un instant, une forme et une nuance pathétiques: un blanc puissant dont suivent les contours, en allant s'élargissant, les festons sombres et à peine perceptibles de l'agate. Elles indiquent le frémissement de l'air ébranlé par une brusque présence. L'être quitte l'ovale calcaire qui le retenait captif, tassé, tout blotti sur soi; le voici aussitôt aigu, aiguisé et vorace de vide. Il se connaît qui se prépare à s'ouvrir et, sans support, à ramer dans l'espace. Une aire presque incolore, que délimitent quelques lignes bien tempérées, a suffi à rendre sensible le miracle.

3. LE DÉMON DE L'ANALOGIE

J'ai beau m'assurer n'avoir devant les yeux que des traînées irrégulières dont les ondes azurées traversent la stupeur de l'agate comme enregistrement de sismographe ou de baromètre affolé : elles en éclaboussent très haut, presque jusqu'à l'écorce du nodule, la transparence d'hydromel ou d'urine. J'ai beau identifier dans les broussailles noires qui foisonnent au bas du minéral de très communes dendrites de manganèse étalant leurs feuillages banaux. Au moment où je réduis les unes et les autres à leur être chimique, au cours de cette opération même, malgré moi j'y distingue des pans de clarté polaire qui font tomber la lumière d'une avare réverbération sur des lichens d'encre, sur une végétation poussive, chétive, essoufflée par les rafales et calcinée par le gel.

4. ONYX

Un filet blanc très mince, tracé par la pointe du stylet le plus acéré suit le contour d'un rognon d'onyx parfaitement circulaire et qui enferme, au cœur de la nuit de son miroir de jais, un givre imprégné d'obscur, formé de cristaux plus étincelants encore que ses ténèbres. Je ne sais quel symbole hante ce fruste diagramme, mais les savantes allégories de Florence, conçues pour exprimer une relation complexe qui semble échapper au langage, sont de loin moins éloquentes.

L'onyx, d'un noir intense et profond, est matière privilégiée. Il n'a pas l'éclat vitreux et gras de l'obsidienne. Je comprends que ce soit d'elle et non de lui qu'un lapidaire antique ait affirmé que ce minéral reflétait les ombres plutôt que les images des êtres et des choses. Il est dans l'onyx une précision, une finesse de grain où le caprice des veines, d'une extrême liberté pourtant, s'inscrit sans bavures: la fermeté royale du tracé, dans les meilleurs exemples, suspend et arrête le besoin de lui chercher le moindre modèle. Ils n'expriment et ne représentent rien, que leur propre netteté. Inédits, sans signification, ils sont, qui imposent et qui ajoutent au monde des apparences qui n'en dédoublent aucune.

Tel onyx paraît une stèle votive, de l'espèce de celles qui célèbrent la gloire des rois. Sa forme, que souligne un liséré double, est celle d'un demi-cercle irrégulier, encastré dans un large écrin d'aiguilles de quartz. Sur les ténèbres miroitantes de la pierre, obéissant aux contours du cartouche, des sortes de broderies évoquent une écriture ornementale. Le tracé, deux fois interrompu, sépare sans doute les termes principaux d'une dédicace laconique. L'écriture est décorative au point d'en être méconnaissable, comme celle dont les calligraphes arabes et persans ont usé pour proclamer en entrelacs de céramique la grandeur de Dieu et de son Prophète aux porches des hautes mosquées de Samarcande et d'Ispahan. Cette fois, l'écriture est fondue, fermée, furtive; elle résorbe les caractères au lieu d'en exaspérer les saillies et les accidents.

117

Loin de les épanouir en symétries hérissées, en bouquets de lames, en gerbes de cimeterres, elle les accole et les soude en reptiles qui se lovent ou s'étirent.

Le doute vient soudain qu'il s'agisse véritablement d'une écriture, et non d'images de mille autres choses : de serpents ornés, aux gueules béantes, comme ceux de la fable aztèque ; ou encore de chenilles blêmes, gonflées de lymphe, de latex et infestées d'une gangrène ; ou des sutures sinueuses, labyrinthiques des os de la boîte crânienne et surtout des éléments successifs des grandes ammonites ; ou mieux du réseau de minces piliers ajourés qui assure à la carapace du crabe-monarque une épaisseur à la fois légère et résistante.

Déchiffrer pareille graphie, si graphie il y a, ne consisterait pas à démêler des écheveaux de ligatures inextricables, mais à développer de nouveau des signes fréquents et repliés sur eux-mêmes au point de n'être plus qu'allusions à leur propre forme. Au centre, un motif plus large et sans éclat, le nom peut-être dont titres et épithètes de chancellerie déclarent tout autour la splendeur cachée. La surface sombre de la pierre, dans l'intervalle des inscriptions, fourmille de méandres serrés, minuscules, qui emplissent et animent, qui peuplent d'une moire mystérieuse un insondable deuil minéral.

Mais ce n'est pas alphabet : c'est dessin sans message, telles les galeries vermiculées des insectes dans le bois mort. Ainsi cette fente presque close que peignent deux lèvres minces d'une fade blancheur d'orgeat au milieu d'intenses ténèbres, comme la pâle boutonnière réticente d'un sexe exsangue, celui qui est dit s'être entrouvert au ventre de l'Abîme, à l'origine du temps.

Jaspe I

Les jaspes de l'Oregon présentent une démence graphique où n'atteint, je crois, aucun autre minéral. Chacun d'eux, si réduit qu'il soit, apparaît comme une sorte de lithographie en couleurs, houleuse et aussi pleine à craquer qu'un tableau de schizophrène. En un mouvement de va-et-vient continu, les motifs renvoient à la trame et la trame aux motifs. A vrai dire, motifs et trame difficilement discernables, tant les formes sont parentes ; les teintes de la même dominante lie de vin ; et parce qu'aucune parcelle d'espace ne reste vacante. L'ultime tête d'épingle, dûment caparaçonnée.

Un univers de volutes, de ramages, de plèvres ; d'où émergent des visages écorchés, l'éventail de muscles à vif dans les cavités de l'os. Des seins tranchés net, les framboises des mamelons enflés sur l'aréole dérivant à l'écart avec leur support mutilé ; des corps d'anoures crucifiés par le courant qui les tétanise, les membres étoilés par la secousse, la peau bleue et blette de la violence du spasme. D'autre part, une panoplie dispersée de menus ustensiles : des fuseaux, des bobines, des navettes, des toupies, des boutons de tiroir; au loin et non moins proches : des dunes, un rythme de sable modulé par le vent, un rideau de collines, un peuple de pitons érodés qui montrent leurs strates; des tours cotonneuses, immobiles comme les nuées des tropiques. Ensemble violacé, lilas; et jaune en train de virer; la gamme entière des teintes d'hématome; une mer boursouflée dont les bulles épaisses, presque solides, semblent une percée de cryptogames suspectes, une éruption de furoncles, de bubons sur un épiderme infecté.

A nouveau, comme par un changement d'accommodation, des éléments clairsemés se laissent identifier dans la confusion des remous : un œil sans cils ni paupière ou une orbite vide avec, qui pend comme un linge mouillé, comme une huître arrachée de sa valve, le globe énucléé, encore frais; des phallus noueux, annelés, sans prépuce, gonflés et pourpres, le gland raviné; des mollusques sans coquille, pourrissant, couleur de lichens ou de crachats; des rotules, des osselets amollis par l'action d'un acide, réduits à l'état de gélatine trouble et qui tremble; des lombrics, des trompes, des entrailles luisantes des sucs et des biles qui les digèrent; une mêlée de méats, de viscères en rumeur, de vulves en chaleur, de tendons striés; des boules pâles et incomplètes qui s'articulent comme, dans les poupées de celluloïd, les coudes et les genoux, les hanches, le bassin.

Une vie démente et mauve, proliférant sans loi ni limite, produisant à l'envi tumeurs et goitres; un univers vorace et glissant que la netteté du détail rend pratiquement inépuisable. La chair meurtrie trahit la formule du règne monstrueux que met en images par distraction la pierre imperturbable, qui ne sent ni ne sait.

Au demeurant, un dessin charmant, rempli de surprises et d'inventions, pour l'amateur désinvolte qui s'en tient aux couleurs, à la composition.

Jaspe II

A l'autre extrémité, les pierres-merveilles de l'Idaho, frappent par leur composition dépouillée. Souvent des ellipses concentriques s'enflent de part et d'autre du même axe vertical. Sur l'aire où elles se recouvrent, elles semblent délavées comme si d'être superposées les avait fait déteindre. A mesure qu'elles s'étendent, les plus amples forcent leur couleur ocre et deviennent à la fin presque brique. Par lambeaux, elles apparaissent même plus foncées que le brun-rouge sur lequel elles se détachent. Elles dénoncent des circuits de planètes ou d'électrons autour d'invisibles foyers, image de la gravitation qui, à chaque niveau de l'univers, enchaîne les corps par l'effet d'une mécanique fondamentale et simple. Ce sont cerceaux articulés de sphères armillaires avec leurs zodiaques, leurs écliptiques, leurs ceintures équinoxiales, bracelets pour cosmographes ou pour physiciens nucléaires. Ils traduisent des révolutions fantômes qui, dans l'immense ou le microscopique, répètent sans lassitude un même patron. L'épure procurée par la nature elle-même, qu'elle dissimule et livre dans l'épaisseur d'un nodule de silice, publie le blason de l'univers, le chiffre constant qui le gouverne en sa totalité. Mais le dessin imprimé par ironie au cœur d'un caillou, il fallait pour en être ému connaître déjà le secret qu'il dévoile ou qu'il rappelle, il fallait avoir analysé aux pages des livres de science les mille figures qu'il résume et sans lesquelles il resterait ce qu'il est en réalité : des arceaux de hasard, opportunément assemblés par un autre hasard et que colorent inégalement des sels métalliques.

Écritures des pierres : structures du monde.

Calcaire

Des fuseaux d'une netteté prodigieuse s'entre-
croisent sur l'étendue entière du calcaire graphique.
De toutes nuances, entre chamois et brique. Ils
dessinent de grandes sauterelles polygonales serrées
et mêlées, élytres bruyants et longues pattes égarées,
la tête de l'une accrochée à l'abdomen de l'autre.
Les acridiens enchevêtrés projettent comme sur un
papier peint leur grouillement vorace, analogue aux
boules d'ivoire japonaises qui roulent des rats ou
des crabes se dévorant entre eux en une parfaite,
sphérique et ignoble continuité. Ici, tout est plat,
anguleux et diagonal.

A travers les corps soudés des insectes, les sépa-
rant d'un trait appuyé, puis soudain les traversant
d'outre en outre, courent des filaments ramifiés
comme nerfs ou artérioles rigides. Les plus minces
sont métallisés, les autres constitués de cristaux
minuscules. Leur réseau reste mat, tant qu'il ne
réfléchit pas la lumière. Mais qu'on dirige la pierre
de façon qu'elle capte un rayon, voici que s'illu-
minent les ternes filets. Une électricité chevelue
circule parmi les criquets en caque. Un fouet à

multiples lanières les cingle de mèches agiles, de
frissons de mercure furtif. La plaque ruisselle d'éclairs.
En montagne, à la fonte des neiges, les prés sont ainsi
zébrés d'eaux vives qui dévalent des poches d'ombres
où les névés se sont accumulés. C'est un émoi, une
fête de gouttelettes et d'écume, une course panique
sans but vers le niveau le plus bas qu'un argent
sauvage cherche à atteindre le plus vite, rebon-
dissant jusqu'à s'exténuer, épongé avec peine par un
sol déjà gorgé. Sur la tranche polie du calcaire, les
canaux de feu étendent un peuple de radicelles que
ne guette aucun épuisement prochain. Un geste
les assoupit, un autre les éveille et voici leur fontaine
bruire et miroiter, déverser leur ardente coulée dans
les rigoles ménagées pour leur incandescence par la
finesse réfractaire où elle se faufile et s'étale.

Au-dessus des sillons lumineux, dans un bref
canton préservé de la pluie des obliques : un disque
lointain, une pastille minuscule que son éclat de
plomb écorché fait reconnaître comme l'image du
triste Saturne.

Le château

Le fond de la pierre est bistre pâle. Le profil
d'un vaste château s'y découpe en brun luisant.
Sous une lumière rasante, le fond devient mat et le
sombre édifice miroite d'un éclat presque métallique.
Les valeurs changent, les contours demeurent.
De profonds chemins de ronde séparent les enceintes
successives. Au centre, une tour à plusieurs étages
domine l'ensemble des constructions. Il s'agit d'une
coupe transversale sans épaisseur ni perspective,
qui donne seulement l'élévation du bâtiment ima-
giné. Si haut qu'on le suppose, il est encore dominé,
ombragé par de larges feuilles inclinées de fougères
arborescentes. Elles déploient leur dentelle bien
au-dessus des tours. Le spectateur se demande quelle
végétation a pu développer d'aussi gigantesques
ramages, qui réduisent un palais à la dimension
d'une maison de poupées. L'œil hésite et, ne
sachant que choisir pour échelle de grandeur, tour à
tour magnifie la fougère et amoindrit l'édifice. A
droite, dans le ciel, des oiseaux tourbillonnent; à
gauche, il n'y en a qu'un, mais immense; les ailes
déployées et le cou tendu vers le bas, il fond sur

les terrasses inégales où s'agite un étrange peuple.

Car le château est habité : sur chaque terrasse, au fond de chaque fossé, dans chaque fenêtre ou escaladant les murs, se tiennent des silhouettes parallèles, orientées dans la même direction et figées dans la même attitude. Ces personnages fort distincts, quoique maladroitement tracés, semblables aux « bonshommes » que dessinent les enfants, sont tous debout, de profil, tournés vers la droite. Comme s'ils étaient aveugles, ils étendent leurs bras loin devant eux, dans le vide ou jusqu'à la paroi prochaine. Eux aussi ne sont qu'ombres chinoises. Leur absence d'épaisseur ajoute à l'irréalité de la scène. Que regardent ces êtres plats? Où se dirigent-ils? Leur geste est-il de protection ou de vénération? Tout à droite, de l'autre côté d'une sorte de pont, la seule silhouette qui soit différente semble les attendre. Elle n'est pas de profil. Une tache blanche lui donne l'ébauche d'un visage. Toute la scène est trois fois traversée par l'étincelle céleste : biffée du zigzag blanc de l'éclair à l'instant où il foudroie un univers dément.

A plusieurs points de vue, rien ne ressemble davantage à une image.

Entrée de la vie : l'autre écriture

Vint la vie : une humidité sophistiquée, promise
à un destin inextricable; et chargée de secrètes
vertus, capable de défis, de fécondité. Je ne sais
quelle glu précaire, quelle moisissure de surface,
où déjà s'enfièvre un ferment. Turbulente, spasmo-
dique, une sève, présage et attente d'une nouvelle
manière d'être, qui rompt avec la perpétuité minérale,
qui ose l'échanger contre le privilège ambigu de
frémir, de pourrir, de pulluler.

D'obscures distillations préparent les sucs, les
salives, les levures. Comme des vapeurs ou des rosées,
de brèves gelées patientes sourdent à grand-peine
et pour un moment d'une substance naguère imper-
turbable, pharmacies d'une heure, victimes désignées
de l'intempérie, prêtes à fondre ou à sécher, ne laissant
qu'une saveur ou qu'une souillure.

Naissance de toute chair irriguée d'une liqueur,
telle la pommade blanche qui gonfle la boule de gui;
telle, dans la chrysalide, la purée intermédiaire
entre la larve et l'insecte, la gélatine indistincte
et qui sait seulement trembler, avant que ne s'y
éveille le goût d'une forme précise, d'une fonction

personnelle. Rapidement, s'ajoute la première domestication du minéral, les quelques onces de calcaire ou de silice qu'il faut à une matière flottante et menacée pour se construire une protection ou un support : au-dehors, coquilles et carapaces, vertèbres au-dedans, tout de suite articulées, adaptées, usinées dans le moindre détail. Minéraux transfuges, tirés de leur torpeur, apprivoisés à la vie et sécrétés par elle, ainsi frappés de la malédiction de croître — il est vrai, le temps d'un sursis vite expiré. L'instable don de tressaillir émigre sans cesse. Une alchimie opiniâtre, usant d'immuables modèles, ménage sans se lasser à une chair toujours neuve un autre asile ou un autre soutien. Chaque abri délaissé, chaque poreuse charpente tombent au long des siècles et des siècles des siècles en une longue pluie de semences stériles. Ils s'étagent en une boue presque toute faite d'eux-mêmes, qui durcit et qui redevient pierre. Les voilà rendus à la fixité d'autrefois répudiée. Même lorsque leur forme se reconnaît encore, de place en place, dans le ciment, elle n'est plus que chiffre, que signe qui dénonce le passage éphémère d'une espèce.

Continûment, les roses microscopiques des diatomées, les clathres minuscules des radiolaires, les coupes annelées des coraux comme autant de menus disques osseux, aux rais nombreux et minces, cercles de lames convergentes, les canaux parallèles des palmes, les étoiles des oursins ensevelissent dans l'épaisseur de la roche des semis de symboles pour une héraldique d'avant le blason.

L'arbre de la vie, cependant, ne cesse de se ramifier. Une écriture innombrable s'ajoute à celle des pierres.

Des images de poissons comme entre des touffes de mousses évoluent parmi des dendrites de manganèse. Un lis de mer au sein de l'ardoise oscille sur sa tige. Une crevette fantôme ne peut plus tâter l'espace de ses longues antennes brisées. Des fougères impriment dans la houille leurs crosses et leurs dentelles. L'ammonite de toute taille, de la lentille à la roue de moulin, impose partout la marque de sa spire cosmique. Le tronc fossile, devenu opale et jaspe, comme d'un incendie immobile, se vêt d'écarlate, de pourpre et de violet. L'os des dinosaures métamorphose en ivoire sa tapisserie au petit point, où luit de temps en temps une touche rose ou azur, couleur de dragée.

Tout vide est comblé, tout interstice occupé. Jusqu'au métal s'est insinué dans les cellules et les canaux d'où la vie a depuis longtemps disparu. La matière insensible et compacte a remplacé l'autre en ses ultimes refuges. Elle en adopta les exactes figures, les plus fines ornières, si bien que le calque antérieur reste consigné dans le grand album des âges. Le signataire disparu, chaque profil, gage d'un miracle différent, demeure comme un autographe immortel.

Minéraux

Recette

Choisissez une météorite de belle taille, de préfé-
rence sans poche pierreuse (elles sont d'ailleurs les
plus rares et fort recherchées des savants); sciez-la
selon son plus grand diamètre, qui va de la taille
d'une noisette à celle d'une table de salle à manger;
la dimension d'une petite citrouille est la plus conve-
nable, mais elle excède déjà le format normal des
pièces offertes sur le marché; polissez la surface de la
coupe et la repolissez; laissez tremper plusieurs
jours dans l'acide picrique ou trinitrophénol dilué;
la solution n'attaquera pas avec la même rapidité le
nickel et le fer; retirez le fragment, lavez et nettoyez
pour retirer les traces de la corrosion; polissez à
nouveau; alors apparaît et brille d'éclats différents
la géométrie propre à l'échantillon : des entrelacs de
triangles, des polygones imbriqués, système complexe
d'obliques et de parallèles, qui se répètent comme semis
de papier peint : les figures dites de Widmanstätten;
ou bien des taches irrégulières, plus larges et d'éclat
variable, comme moellons grossièrement assemblés ou
provinces plus ternes ou plus luisantes sur une carte de
métal. L'un et l'autre styles procurent les seuls dessins
que l'homme connaisse, qui ne soient pas terrestres.

Notes pour la description
de minéraux noirs

— Suie mouillée de taches de fraîcheur — ou va-et-vient de moire, de soieries obscures; arbres calcinés; des frissons morts escaladant à nouveau leur gamme froide.

— Mille itinéraires brisés; un labyrinthe absolu.

— Une hibernation éternelle : je m'en éveille plus sage; et plus fervent.

— Torpeur approfondie, hantise étanche, cursive ramassée, foudre patiente, aurore méthodique. Je prends mesure d'une autre échelle.

— Greffes, buissons, gerbes, chardons et pointes, tout départ d'épines que clôt brusquement leur propre dureté.

— Ténèbres gorgées de poix et fontaines de poix; Bitume noble (ou ennobli : une nuit plus nocturne); Ténèbres saturées d'asphalte et le mâchant d'une manducation perpétuelle : à la lettre, broyant du noir.

— Fusées d'artifice parmi les paroxysmes d'orages. Elles ouvrent dans la pluie battante leurs chrysan-thèmes de lumière. Les éclairs les trouent, les tra-versent de leurs paraphes convulsifs.

— Masquée,
taciturne ;
et proscrite : toute pierre jetée au centre de soi.

— Paillettes plus luisantes que celles qui composent l'aigle, le serpent et le nopal aux jupes des filles de Jalisco : l'anecdote.

— Les brusques fanfares de l'espace au désert. Apex de feu : aucune périphrase ; rien que d'explosif.

— Qui ferra le reflet, non pas comme les sabots d'une monture, mais comme l'éclair du poisson accroché ?

— Entre l'embellie et l'embolie, entre le sourire du soleil et le caillot de mort à l'entrée de l'aorte.

— Dans une vapeur de chaudière, confirmées dans leur tranchant, des arêtes qui s'aiguisent ; dans la sueur de pierre et de métal, qui inventent un rasoir inexorable, le fil transparent et sombre de l'obsidienne, la nuit devenue couteau.

Rose des sables

Qui ne connaît les roses des sables? Ce sont des concrétions tourmentées qui semblent nées, au désert, de la matière même des dunes. Des enfants en vendent aux portes des hôtels des confins de l'Atlas. A Paris, des Algériens en proposent sur des éventaires de fortune dans les marchés de quartier. Leurs tumultes d'écailles épaisses sont le plus souvent d'un brun maussade, d'un rouge éteint. Les prétendus pétales se chevauchent, se croisent, s'articulent dans un brouhaha d'arcs rigides et plats : courbes, mais jamais incurvés, jamais bombés. Ils ne referment autour d'aucun gynécée ni plusieurs ni même une seule éclatante auréole concave et concentrique. Rien en ces roses qui soit corolle, encore moins qui soit rose, rien qui déploie, à l'extrémité d'une tige, une géométrie touffue et précise de paupières closes. Mais, d'un ordre si complexe, qui regarde en passant ne retient que l'abondance. Comme à l'ordinaire, la discrète rigueur est oubliée.

D'où vient, j'imagine, que les roses des sables sont appelées roses, quand elles sont le contraire d'une fleur, serait-elle de pierre. C'est peu qu'elles aient renoncé à toute souplesse et même au ruissellement entre les doigts des grains brillants qui les composent et qui, du moins, avaient comme l'eau la propriété de couler. L'imagination commence ici ses fables, ses délires. Elle voit en ces objets revêches et durs un hymne superflu du désert à la sécheresse; ils paraissent faire don à l'astre qui évapore d'une plus dense offrande de stérilité. Je sais : quoi donc est immortel qui d'abord n'est pas stérile? Mais il n'était nul besoin de pareille hideur : arêtes et cloisons sont soudées de guingois; d'autres pourraient s'y attacher sans fin dans un même désordre, dans une dérisoire parodie de croissance.

Les fougères ni les palmes ne poussent ainsi, ni les prismes des sévères cristaux, quand ils développent, le long d'un axe strict, leurs polygones immuables. Leurs buissons me paraissent alors des bouquets étincelants, savamment composés. Même si la loi m'en échappe, je la présume à travers mon ignorance. Rien de pareil chez les roses des sables : elles évoquent l'image grotesque d'un amas de chignons postiches, maladroitement accrochés les uns aux autres par d'invisibles épingles. Mais rien de la douceur de chevelures nouées, retenues, carénées : le minéral rappelle vite au rêveur son aspect agressif de crêtes abruptes, de parois brusquement bifurquées qui n'enferment rien. Elles séparent les vaines crevasses d'une étendue chétive, partout verrouillée pour empêcher quelle fuite? Depuis longtemps, un ostracisme implacable évacua d'un coup tout ce qui, volatil, soluble ou seulement mal contraint, pouvait émigrer vers un univers plus libre. Les aiguilles du quartz, les spires des coquilles, les nervures des feuilles, jusqu'aux rais de la lumière détestent l'anarchie et l'excluent. La rose des sables l'accueille et l'exalte. Elle est, au sens fort du mot, abominable : image de l'erreur et de la prévarication, l'harmonie bafouée avant même que de naître, écartée dès son premier pressentiment. Un chaos de diagonales hirsutes a aussitôt perverti en elle l'ambition encore gauche, indécise, d'une forme stable et régulière. Elle en a fait le sceau de la damnation et du cancer, je veux dire d'une horreur sans remède, dont l'unique loi est d'empirer.

Les roses des sables trahissent quelque chose de si contraire à la sourde, mais impérieuse consonance de la nature que je songe parfois qu'il a fallu pour les faire surgir une volonté démoniaque. Je me persuade presque qu'il existe des traditions selon lesquelles des nécromants les ont ouvragées dans un mélange d'excréments et de mica pour leur donner l'ocre scintillant de la mort. Par des nuits maudites d'éclipse de lune ou de pluie d'étoiles, ils leur ont inoculé de si atroces vertus que seules des vierges ou des parricides pouvaient aller les enterrer au fond des déserts, où on les ramasse aujourd'hui. Les misérables étaient chassés à coup de pierre, après de funestes et irréversibles liturgies. Ils partaient sans espoir de retour avec une ration d'eau impure mesurée par les prêtres. Ils devaient marcher jusqu'à ce que l'épuisement les terrassât. Il n'était qu'une immense étendue de sable pour absorber la charge maligne de leur viatique, sans s'en trouver contaminée pour toujours.

Personne, il va de soi, n'a jamais recueilli, au sujet des roses des sables, pareilles superstitions que leur aspect est pourtant bien fait pour susciter. Mieux, elles plaisent. Je suppose même qu'il faut une longue familiarité des espèces minérales pour percevoir ce que celle-ci présente de répugnant, presque de monstrueux, comme une création avortée, figée dans sa malfaçon, gangrenée de loupes et de verrues à la manière des végétaux malades. Parfois, cependant, comme si la nature ne se lassait pas de multiplier ses tentatives jusque-là où elle semble s'être engagée dans un blasphème, il émerge d'une formation fourvoyée l'idée ou la chance d'une admirable trouvaille.

Les roses de Mauritanie diffèrent des autres par la couleur et la structure. Une substance plus noble les constitue : une poussière tamisée, fine, homogène, d'un gris soyeux comme de brume ou de duvet, qui s'exténue en une presque transparence, aussitôt que diminue l'épaisseur des pétales. Ceux-ci ont conquis une première solitude. Chacun se détache, accompli, dressé pour lui-même, hors de tout vacarme, sur une assise tabulaire aux lignes presque droites, qui ne deviennent courbes qu'au lieu de leur rencontre, au moment pour elles d'éviter l'angle, qui relève de l'obédience opposée. Les demi-cercles ont germé de part et d'autre du socle. Ils sont rares. S'ils se contrarient, c'est sans hâte. Il ne s'agit plus d'une prolifération affolée, mais de plans bizarrement arrondis et obliques. En divergeant, ils assurent à la concrétion un début d'équilibre. Excroissances encore, ils sont du moins affranchis de la confusion originelle. Compensés, ils ébauchent une figure claire, où l'esprit reconnaît son lignage.

La pierre émaciée, appauvrie, désormais n'appelle

139

aucune comparaison fallacieuse avec la fleur. Elle est pierre absolument, pas encore cristal, mais vitreuse déjà et acheminée vers la forme close, où le minéral, d'ordinaire, cherche sa gloire.

Amandes du désert, plus blanches et plus abstraites, sans rumeur d'essaim, elles sont désormais à juste titre armes parlantes de l'aridité finale. En Oklahoma, dans un autre désert, des formations fraternelles, rectilignes cette fois, approchent plus encore de la simplicité. Elles en atteignent à l'occasion le point extrême, celui après quoi il n'est plus guère que le néant. Une macle isolée unit par leur milieu deux cristaux allongés, identiques, quasi superposables : lames droites et minces, doublement biseautées, dont la section donnerait un losange presque complètement aplati. L'un des couteaux traverse l'autre, qui entrouvre une encoche pour le recevoir en sa maigre épaisseur. Il forme alors avec son jumeau une parfaite croix de Saint-André. L'ocre qui imprégnait la pierre s'est réfugiée dans la large pointe qui ferme les branches. L'ombre interne, moelle pressée, est rongée par une transparence naissante. Comme l'aube mord sur la nuit, elle repousse l'opacité à l'extrémité des pales de la vaine hélice et le long de leur axe ; si bien que, dans chaque bâtonnet, un nuage dessine vaguement le profil d'un sablier.

L'assemblage est net, ajusté avec une précision de ventouse, miraculeuse dans la pierre. Le joint est indestructible. Mortaise et tenon sont imbriqués pour toujours, sans cheville, ciment ni interstice. C'est au point que les éléments unis semblent se refléter mutuellement. Et si une cassure intervenait, elle briserait ailleurs.

Faire moins, faire mieux, est impossible : la sobriété impose sa loi. Le signe dépouillé fait maintenant partie d'un lexique choisi où pas une syllabe ne saurait être altérée. Une infaillible spontanéité, issue par paradoxe du règne turbulent des roses immondes, a devancé les pouvoirs conjugués du génie, de l'adresse et du calcul. Ce ne fut dessein ni choix, mais simple accomplissement, comme sont la mort, la loi de la plus grande pente, la conclusion des syllogismes. Peut-être la sagesse ultime ne consiste-t-elle qu'à savoir situer l'essentiel dans les fins qui, depuis l'origine, étaient inévitables. Leurs voies n'en sont pas moins déroutantes, malaisées, aléatoires. Toutes paraissent mener à l'abîme, qui n'est pas toujours étiage ou tiédeur, mais souvent fièvre qui s'acharne à vide, se répétant comme un disque éraillé, où l'aiguille repasse par la même spire. Il n'en est rien. Certaines conduisent à des promontoires singuliers. S'il en était autrement, l'opulent univers n'existerait pas, mais une boue monotone et craquelée ou, dans un vallonnement infini, une redondante accumulation de roses des sables ou encore des hardes innombrables de ces mammouths à défenses enroulées dont la pointe inoffensive est, ridiculement, au centre.

Silice-cilice

Parmi les agates, il en est où apparaissent des veines concentriques à peu près rigoureusement parallèles. Les anneaux qu'elles dessinent suivent, sans l'épouser exactement, le contour du nodule. Dans les meilleurs échantillons, elles sont nombreuses, ténues, nettes, souvent de couleurs vives et variées : écarlate, orange, olive, bleu roi. Elles dédaignent les accidents de l'écorce. Aussi présentent-elles bientôt une forme simple : ellipse aplatie ou simulacre de larme issue de la croûte, d'abord assez longuement étirée, puis qui s'enfle soudain, comme si un liquide pesant, profitant d'un orifice de fortune, avait empli et distendu une poche prête à le recevoir. La pâte épaisse s'est gelée par couches successives. Il arrive fréquemment qu'à la fin subsiste une grotte tapissée de menus cristaux. Les ceintures concentriques, depuis la plus ancienne, celle qui revêt la paroi interne de la pierre, se rétrécissent jusqu'au bord du vide. La matière, en se refroidissant, s'est contractée. Elle n'occupe plus l'espace entier de son premier volume.

Dans certains cas, les rubans, alors d'une finesse

extrême, sont de la même nuance, les uns plus clairs, les autres plus sombres, dans un dégradé d'une merveilleuse économie. Lorsqu'un artisan débite le nodule en tranches minces, la surface de chacune des plaques est emplie par le camaïeu serré des cerceaux. Ils se pressent depuis la périphérie rugueuse jusqu'à la cavité centrale. De tels exemplaires sont rares. Parmi eux, les plus admirables, selon moi, sont procurés par ceux où la couleur même disparaît ou plutôt ne vient plus que de l'ombre portée par la cadence rapide de la superposition des zones. Ils ne sont teintés que de nuit. A part quelques plages-témoins éparses sur les bords, d'un noir épais et soyeux à la fois, l'ensemble est d'un gris d'encre délavée, nuageuse, qui bientôt ne gêne pas la transparence. Le givre des cristaux qui bornent le train d'ondes n'est pas plus limpide, s'il est étincelant.

Au pourtour d'une plaque, plus que de coutume tourmenté, deux péninsules cernent une crique prononcée qui mord notablement sur le profil de la pièce. Le ruban que trace l'anneau extérieur ne saurait ignorer tout à fait l'échancrure inattendue. Pour l'éviter, à peine creuse-t-il quelque peu son parcours. Plus loin, il laisse de côté une réserve où se sont déposées à part des strates parallèles couleur de bitume. La première bande translucide détermine dès le départ l'allure du dessin. Elle lui donne la silhouette simple d'un maillon de chaîne très grossièrement façonné, par moments presque anguleux, de sorte qu'il rappelle ou qu'il fait pressentir une figure plus régulière, indécise, où sept côtés inégaux, pour l'instant plus courbes que droits, se laissent à la rigueur dénombrer. A ce stade, les sinuosités de l'écorce sont déjà oubliées. Celle-ci, laiteuse, opaque, d'une luisance de porcelaine, présente de temps en temps des taches du même noir de fumagine que la surface veinée, immédiatement diaphane, qu'elle enferme.

Les rubans alternés, d'abord relativement larges, perdent vite leur épaisseur. Ils ouvrent une profonde perspective de lignes fermées, brisées, de plus en plus rapprochées, si bien qu'elles se confondent presque, au moment où le rivage scintillant met fin à leur vertigineuse procession immobile.

Leur contour est devenu parfaitement angulaire. L'heptagone naissant n'a pas tardé à imposer sa forme. Toutefois, comme les côtés en demeurent quelque peu incurvés vers l'intérieur, ils définissent, qui se pressent en série continue sur le même axe, des angles biconcaves, évasés d'abord, puis qui s'aiguisent subitement, comme tirés en arrière par des attaches invisibles. Le réseau ressemble à une toile d'araignée écartelée entre ses haubans. De chaque sommet, une oblique converge vers le centre. Elle n'a pas d'autre réalité que la contrainte qui oblige l'œil à situer une ligne à l'endroit où se séparent deux versants. L'enfilade des polygones emboîtés constitue un filet dense qui évoque à nouveau le fragile dessin des toiles insidieuses. Dans l'agate, il s'agit bien de fragilité : quelque chose d'inaltérable à la fois et d'insaisissable y apparaît en filigrane. Les diagonales sans matière, qui correspondent aux fils transversaux du piège, figurent encore les arêtes d'autant de dièdres qui échappent au toucher. Peut-être le changement brusque d'orientation suffit-il à déclencher je ne sais quel imperceptible jeu de lumière.

Un angle d'incidence différent entraîne sans doute la perception d'une crête irréelle où se rencontrent deux pentes inexistantes. Chaque échelle de chevrons crée la singulière illusion d'un relief sans dénivellation : pentes captives de l'impénétrable.

Les pures obliques tracées par les sommets des heptagones décroissants aboutissent aux cinq angles de la caverne centrale. Aussi fallut-il un aménagement approprié de l'espace intermédiaire. Il est si subtil qu'on le perçoit à peine. A deux reprises, non pas un seul, mais deux axes atteignent l'angle qui leur échoit, de manière que, sur la surface de l'agate, les uns découpent des trapèzes, les autres des triangles.

Dans la masse de la substance visqueuse, la fascination d'un volume plan, lisse et clos, c'est-à-dire l'appel du cristal, a lentement triomphé. A l'origine, la pâte en train de prendre ne pouvait qu'adhérer à l'enveloppe, première solidifiée. En même temps, elle commençait de se décanter. A mesure qu'elle se débarrassait de ses impuretés les plus lourdes, elle acquérait une forme simple où, peu à peu, la droite l'emportait sur la courbe, comme par l'effet d'une longue ascèse. Angles et faces apparaissaient. Toute ligne se tendait. Le volume, naguère incurvé, se hâtait vers le polyèdre, comme happé par sa forme abrupte encore future. A la fin, lorsqu'il n'y eut plus rien d'étranger en suspension dans une matière purgée, désormais perméable à la lumière et, devant elle, seulement l'espace libre, alors la promesse fut accomplie. Un hérissement de pyramides miroitantes fleurit sur les ultimes parois : le cristal, hantise d'une patiente et secrète alchimie.

Le pinceau d'un projecteur semble désigner la

prodigieuse mutation, de la même manière que, sous le chapiteau d'un cirque, il se saisit de l'acrobate à l'instant de la prouesse et l'isole. Un cercle comme décolorant s'inscrit dans le plus grand polygone. Il en touche les limites. Il laisse chacun des angles hors de sa circonférence : refuges enténébrés où sa clarté paraît avoir rassemblé, refoulé la suie flottant dans l'épaisseur minérale. Dans les réduits nocturnes, le fil des rubans n'est pas moins distinct. Au contraire, leur limpidité sombre gagne en présence et en netteté. Ils pâlissent et presque s'effacent, dès qu'ils sont éclairés par le disque lumineux.

L'émergence d'un cercle que rien ne fait attendre et qui ne répond à rien dans la structure intime de la pierre surprend encore plus dans une étendue où la ligne droite semblait lentement s'imposer. Cette fois, il est vrai, il ne s'agit plus d'une souplesse complaisante et sans loi, que prosterne le moindre obstacle. Une syntaxe despotique s'affirme à nouveau. Une géométrie différente se compose avec la première, sans l'abolir ni l'altérer, sans la contrarier même. Une égale perfection imprime une signature complice, complémentaire, non moins intransigeante. Elle dénonce tout autant une matière noble qui, depuis la confusion du magma et contre la puissante inertie, était de nature destinée à l'irréprochable et transparente tectonique du cristal.

Un caractère chinois

D'ordinaire, et c'est presque un moyen de les définir, les figures des *septaria* sont rythmées. Elles se développent par éclatements successifs. Il s'y répercute visiblement un ébranlement qui perd peu à peu sa puissance de choc. Les plus sereines trahissent une poussée nonchalante en train d'épuiser son élan et déjà conquise à la paresse. Quelque impulsion continue de projeter les lignes qui se fraient un chemin dans le minéral. Elle les maintient dans le sens du souffle premier. Les fentes ne sont sinueuses que pour, se divisant, contourner d'invisibles obstacles. L'éventail des craquelures s'étale autour d'un foyer, à partir duquel la rétraction de la pierre sur elle-même a créé un vide étoilé. Un peu comme pour les vitres qu'un projectile a frappées.

Parmi ces minuscules séismes, un dessin tranquille est miracle. Chaque lézarde contribue alors à inscrire, comme le ciseau du sculpteur aux stèles de la Chine, la calme éternité d'un caractère. Dans celui-ci, le trapèze central est légèrement irrégulier, comme si la main de l'artisan avait tremblé ou comme s'il importait que chacun se rappelât qu'elle était après tout faillible : vivante. La fissure d'en haut dépasse de

147

part et d'autre le fin quadrilatère. Ainsi du toit de la maison; ou du ciel, qui s'étend au-delà des limites de la terre. Au milieu, planté obliquement, un trait détermine la signification d'un symbole. A l'extrémité gauche de l'auvent, un second jambage, plus bref, incliné en sens inverse, complète le caractère. Dans l'inventaire général de l'écriture chinoise, il ressemble le plus à ceux qui représentent l'un la divination, l'autre l'heure de midi. Mais il correspond mal aux lois de cette écriture. Il n'en combine pas les éléments fondamentaux, ceux dont un œil averti identifie immédiatement la présence. Venu d'ailleurs, il en reproduit pourtant les formes pures et cohérentes : analogue et différent.

En même temps, sous le rectangle, dans son axe et que rien ne relie à l'ensemble articulé, une brève ligne arquée, creusée en son milieu : bouche réduite à l'esquisse de la lèvre supérieure ou silhouette d'un oiseau en vol à l'instant fugitif et fréquent où les ailes, dans leur battement, passent ensemble à l'horizontale.

Le signe est admirablement logé dans la surface du nodule, qui affecte la forme d'une feuille de peuplier. Le rappel du monde souple contraste avec le motif orthogonal : connivence sur l'étendue sigillaire de la sève et du vouloir. Là n'est pas le prodige, ni dans l'analogie avec une calligraphie des antipodes. Une figure simple et compensée fait à elle seule la merveille.

« Je ne signifie rien, dit-elle, mais j'ai su anticiper l'économie particulière du petit nombre des symboles qui composent une écriture. Ils sont quelques-uns et pourtant capables d'énumérer la multitude des choses qui existent dans l'univers et celles que leur ajoutent le désir ou le songe. Grâce à eux, il n'est discours si complexe ni si long qui ne puisse être conservé et transcrit. Le monde abonde en alphabets hors d'usage, dont le code est perdu. Leur beauté subsiste. Elle ne tient pas seulement à l'art des scribes et des graveurs, mais à la vertu inemployée qui demeure en eux et qui était de pouvoir tout inscrire.

« Ma forme, quant à elle, n'exige pas d'être déchiffrée. Elle n'a jamais servi à exprimer le moindre message. Il ne lui a fallu rien de moins ni rien de plus qu'un chapelet de hasards pour être un jour découverte dans l'intérieur d'une pierre et proposée aux regards. Sur-le-champ, elle tira une étrange noblesse de sa ressemblance fortuite avec l'une des écritures inventées par l'ingéniosité des hommes. Dès lors, il en est pour admirer avec stupeur qu'elle ait pu les devancer. Elle ne les a pas devancés, ni eux ne l'ont rejointe ou imitée. Ils l'ont répétée plutôt. La patience du monde dépasse l'éclair d'une pensée, d'une vie, d'une ère. Le miracle est dans une rencontre que tout conspirait à rendre inconcevable, et d'abord l'opposition des règnes et des démarches. Si je mérite attention, c'est pour me trouver située à quelque carrefour de l'inextricable réseau. Il ne m'appartient pas d'en juger. C'est affaire au vivant qui n'a rien de commun avec moi et qui me prête une voix par jeu ou par ruse. Il feint de réfléchir, de méditer sur moi, mais c'est lui qu'il réfléchit, qu'il reflète sur mon apparence. J'ignore, il ignore sans doute aussi, dans quelle intention il eut recours à pareil artifice. Je soupçonne qu'il a souhaité affirmer, lui l'inquiet, le prolixe, sa complicité avec moi, qui suis pierre et dessin dans la pierre, condamné au silence. »

Chiffre

Les grandes ammonites fossiles semblent des roues à aubes prises dans un épaississement minéral qu'elles furent impuissantes à battre et qui les immobilisa finalement. Elles sont marbrées de mille teintes délicates, la plupart vert tendre comme taches de moisissure ancienne ou ces lavis qui marquent les bois sur certaines cartes militaires. Les fines bélemnites, dont ne subsiste que le rostre en forme de cigare, évoquent des fusées en voyage entre deux planètes. Un dessin immuable demeure, incrusté là depuis des millions d'années. Mais la fraîcheur en est la même qu'au seuil de la longue nuit.

Depuis cette quasi-éternité, il arrive que des sels métalliques se soient logés dans les interstices de la carapace calcaire bientôt emportée par les eaux ou dissoute dans quelque liquide vorace. L'évaporation, ou une réduction plus sévère encore, un jour laissa le métal en lieu et place de l'enveloppe friable naguère sécrétée par un vivant. Une épure d'argent brille désormais dans le grès ou la silice. Elle y inscrit en une étendue minuscule à la fois le présage de la turbine et l'expansion des nébuleuses. Pareille empreinte vaut sans doute le caprice d'une mode ou la fugitive fantaisie d'un passant inspiré. Ici et là, la coque fut brisée avant de devenir substance inaltérable : l'effigie qui résiste aux âges atteste encore par-delà la géologie la précarité de la vie. Elle illustre en même temps la genèse des mondes et les engins de l'industrie, la nature démesurée et la puissance de l'homme sur la nature démesurée. De flottants débris, épars dans la pierre, perpétuent cependant la première et périssable cuirasse, dérisoire asile que détruisirent d'énormes pressions. Elles ont fait leur œuvre, permettant au chiffre de surgir.

Autre chiffre

La surface polie d'une agate mexicaine affecte la forme d'un fer de hache, court, au tranchant brusquement élargi par rapport au départ de la cognée, là où elle s'ajusterait au manche. La coupe est encadrée d'un double ruban, laiteux, puis bistre. Après le liséré, un firmament d'azur étend sa sérénité sur des taillis consumés par un hiver opiniâtre, mais où n'abdique pas une volonté de vivre plus têtue encore. Une végétation spongieuse s'obstine à proliférer, à pousser ses lichens, ses ramilles, ses thalles; ou les phallus cloisonnés de ses morilles, les lanternes de ses clathres. Parfois un if desséché dresse un mince pinceau sur l'immobile horizon lavande.

Du sol, s'élève une fumerolle qui s'étale vite en un gigantesque trapèze rose. Il occupe l'horizon et presque le repousse. Il est vide et n'offre qu'une manière de cadre, de fenêtre géante où se presse le gel aigu du quartz, miroir pulvérisé qui multiplie la lumière et qui la thésaurise.

Le champignon d'une explosion nucléaire n'aurait pas ces pointes et ces arêtes, cette netteté nouvelle; il apparaîtrait tourbillons en rumeur, bientôt nuées qui s'effilochent, flocons en train de se dissiper. Ici le dessin qui introduit une figure dans l'informe apporte avec lui un essaim de songes. Toutes analogies fabuleuses germent spontanément dans l'imagination alarmée, aimantée par l'empreinte insolite. Est-elle

masque immense de métal sonore, sans ouverture pour les yeux que la fente unique, transversale des heaumes ; gong et, en même temps, bouclier frappé d'un orle d'émail vif, de l'espèce de celui qui tomba du ciel un soir d'orage pour la protection d'un peuple, l'ancile d'airain accordé par le dieu ;

ou la peau écartelée d'une bête plus fabuleuse que la chèvre de Colchide ; distendue par des piquets ; suppliciée par le soleil et peinte ; comme celles, encore humides, dont un Capitaine du Nouveau Monde enveloppait ses prisonniers et qui rétrécissaient lentement sous la brûlure de l'astre, les broyant ;

ou cerf-volant rituel, bordé d'une couleur tendre, largué en l'honneur de la jeunesse, avec, au point d'abîme, les diamants stériles de la cruauté, aux aiguilles si dures qu'il n'est rien qui les émousse, que le temps ;

ou, errant, envolé du pavois d'un vaisseau disparu, un pavillon hors code déployant un message taciturne, à jamais indéchiffrable ;

ou plutôt, étendard stupéfiant de barbares inconnus, gonfalon d'envahisseurs dont les hordes sont soudain présentes aux frontières, grande oriflamme que le vent fait onduler vers l'est, leur patrie, et qui, levé, donne le signal d'une apocalypse plus solennelle et plus redoutable que celle des quatre cavaliers, de l'ouverture des sept sceaux et de la cité sainte aux murailles de gemme ;

ou enfin — surtout — marteau-ancêtre, balancier massif, qui annonce l'outil des métallurgistes divins aux forges des volcans ; ou, dans les fosses marines, la double potence des huîtres en tau, dont les valves étroites développent en leur milieu une lame de kriss ; ou encore le mufle, trois fois plus large que long, du requin-marteau, épouvantable et dérisoire maillet de chair que brandit dans l'épaisseur des eaux le corps fuselé du squale. En tout cas, esquisse dans le roc de l'arme et de l'engin premier qui décuple la vigueur.

LA VIE ET L'ŒUVRE
DE ROGER CAILLOIS

Né à Reims le 3 mars 1913.

Études secondaires à Reims, puis à Paris.

École Normale Supérieure (Lettres). École Pratique des Hautes Études (Linguistique et Histoire des religions).

Membre du Groupe surréaliste (1932-1935).

Fonde avec Georges Bataille le Collège de Sociologie (1938).

Nombreux voyages en Europe, en Amérique et en Asie, avec une préférence pour les lieux écartés et vides (Islande, Laponie, Patagonie, Terre de Feu, Cordillère des Andes, Cappadoce, etc.).

Élu à l'Académie française en 1971.

Mort à Paris le 21 décembre 1978.

Œuvres principales :

1935   *Procès intellectuel de l'art* (Les Cahiers du Sud)
1938   *Le Mythe et l'homme*
1939   *L'Homme et le sacré*
1945   *Les Impostures de la poésie*
1954   *Poétique de St-John Perse*
1956   *L'Incertitude qui vient des rêves*
1958   *Les Jeux et les hommes*
1958   *Art poétique*
1958   *Trésor de la poésie universelle* (en collaboration avec J.-Cl. Lambert)
1960   *Méduse et Cie*
1961   *Ponce-Pilate*
1962   *Puissances du rêve* (Club Français du Livre)

1965   *Au Cœur du fantastique*
1966   *Images, Images...* (José Corti)
1966   *Pierres*
1970   *L'Écriture des pierres* (Albert Skira)
       Cases d'un échiquier
1973   *La Dissymétrie*
1974   *Approches de l'imaginaire*
1975   *Pierres réfléchies*
1978   *Approches de la poésie*
       Le Fleuve Alphée
       Trois leçons des ténèbres (Fata Morgana)

Traductions poétiques :

1946   Gabriela Mistral : *Poèmes*
1949   Antonio Porchia : *Voix* (G.L.M.)
1961   Pablo Neruda : *Hauteurs de Macchu-Picchu* (Pierre
       Seghers)
1965   J. L. Borges : *L'auteur et autres textes.*
1977   Octavio Paz : *Mise au net*

Les ouvrages dont le nom de l'éditeur n'est pas spécifié sont
parus chez Gallimard.

Le présent volume reproduit intégralement le texte de *Pierres*
(Gallimard, 1966), augmenté de fragments de *L'Écriture des
pierres* (Skira, 1970) et de la partie intitulée « Minéraux » de
Cases d'un échiquier (Gallimard, 1970).

PIERRES

157

L'ÉCRITURE DES PIERRES

158

MINÉRAUX

Ce volume,
le soixante-septième de la collection Poésie,
a été achevé d'imprimer sur les presses
de l'imprimerie Bussière à Saint-Amand (Cher),
le 28 janvier 2000.
Dépôt légal : janvier 2000.
1ᵉʳ dépôt légal dans la collection: mars 1971.
Numéro d'imprimeur : 491.

ISBN 2-07-031785-4./Imprimé en France.

95052